Fredagsgourmet
ur Allt om Mat

Fredagsgourmet

UR ALLT OM MAT

prisma

Prisma
Besöksadress:
Tryckerigatan 4
Box 2052
103 12 Stockholm

www.prismabok.se
Prisma ingår i Norstedts Förlagsgrupp AB, grundad 1823

Redaktör: Charlotte Jenkinson
Grafisk form: Jan Elgerud
Omslagsfoto: Ingvar Eriksson
Produktion: Lyth & Co AB
Repro: Fälth & Hässler, Värnamo
Tryck: Rotolito Lombarda, SpA, Milano 2009
ISBN 978-91-518-5242-3

Förord

Välkomna till en ny Fredagsgourmetbok! En ny samling av de bästa recepten från den älskade avdelningen Fredagsgourmet i Allt om Mat. Låt dig inspireras till att bjuda på middag i gourmetklass utan de stora tidskrävande gesterna. Grundidén med gourmet på en fredag är att middagen ska gå förhållandevis snabbt att laga, av råvaror som finns lättillgängliga. De pålitliga recepten tillåter oss "vanliga matlagare" att ta ut svängarna och skapa middagar i mästarstil utan att behöva tillbringa timmar i köket. Så nu är det återigen dags att bjuda hem gäster en vanlig vardagskväll och servera en läcker och vällagad middag som gör alla lyckliga.

Charlotte Jenkinson

Fågel

Fisk och skaldjur

Vegetariskt

Kött

Fågel

Vår bästa festfågel är utan tvekan kyckling, som passar i tjusig gourmetkostym såväl som i vardagligare dräkt. Kyckling är lätt att variera och finns alltid tillgänglig i våra matbutiker. Numera är det också alltmer vanligt att butikerna säljer de goda majskycklingarna, även styckade, liksom de fina ekologiska kycklingarna. I några av recepten står det uttryckligen majskyckling, men jag vill gärna uppmuntra till att i samtliga kycklingrecept försöka använda majskyckling eller de ekologiska. De smakar mer, är betydligt saftigare och passar helt enkelt bäst i gourmetsammanhang.

Anka är vår festfågel nummer två, och då föredrar de flesta de lättlagade ankbrösten, som ofta säljs djupfrysta med skinnet kvar. Skinnet ger smak och karaktär och matchas ofta med någon syrlig sås, som till exempel klassikern apelsinsås som givetvis finns med här. Men prova gärna att laga anka med grapefrukt på sidan 34, eller med balsamvinäger på sidan 36.

När vi lagar kyckling eller annan fågel är det extra viktigt att tänka på hygienen och att köttet lagas till rätt temperatur. Skär alltid fågel på separat skärbräda och med separat kniv. Diska redskapen noga i hett vatten innan de används till andra råvaror. Fågel kan, i enstaka fall, innehålla oönskade bakterier som lyckligtvis inte tål värme. Därför är det viktigt att köttet går upp till rätt temperatur. Laga alltid fågel med en köttermometer till hands, för att lätt kunna kontrollera graderna. I kyckling utan ben bör innertemperaturen gå upp till 68–70° och med ben till 70–75°. I anka utan ben till 65–68° och med ben till 68–75°. De lägre temperaturerna är satta med tanke på att köttet ibland steks i ugn och får eftersteka i folie.

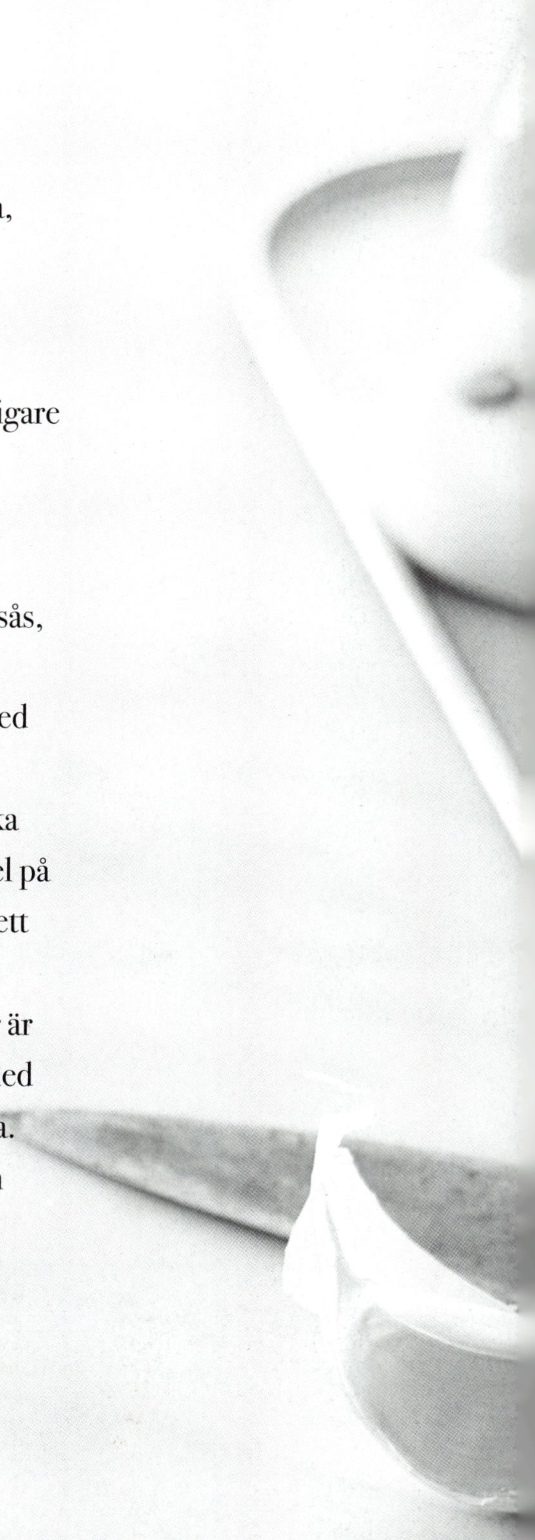

Mozzarella, parmaskinka och crema di balsamico

Servera en väl kyld torr vermouth, till exempel Noilly Prat, spetsad med några droppar vodka till tilltuggen.

Till 4 personer:
100 g parmaskinka
1 förp minimozzarella (150 g)
crema di balsamico

Gör så här»

1. Dela skinkan i 3–4 strimlor på längden.

2. Droppa crema di balsamico på varje ostkula. Rulla in osten i en strimla skinka och sätt en tandpetare i varje.

3. Mal lite svartpeppar över och servera tillsammans med drinken. «

Att dricka till

Här passar ett vitt, lätt fatlagrat vin. Gärna av druvan chardonnay med saftig fruktighet och liten krydda. Ett annat gott förslag är ett vin av italienska druvsorten verdicchio av god kvalitet. Friskt, spänstigt och med örtiga toner.

Kycklingfilé med tonfisksås

Kall sås gjord på tonfisk är ett måste till den italienska klassikern vitello tonnato – tunt skivat kalvkött med tonfisksås. Här är en variant med kyckling och färska örter.

Med två personer i köket och lite gott samarbete lagas middagen i lugn och ro på ca 30 minuter. Drinktilltugget fixar den mest fingerfärdige under tiden glasen till drinken kyls i frysen. Medan potatisen sköter sig själv i ugnen och kycklingen sjuder under lock mixar du snabbt ihop den kalla såsen, som enklast körs i mixer men också kan vispas ihop med elvisp.

Till 4 personer:

4 kycklingfiléer (500 g)
1 dl vatten
1 grönsaksbuljongtärning
½ dl pressad citron eller torrt vitt vin
½ tsk salt

Sås:

1 äggula
2 msk pressad citron
1 krm salt
1 burk tonfisk i vatten (ca 185 g)
1 msk kapris
1 kruka bladpersilja
1 kruka basilika
1 dl olivolja

Tillbehör:

1 påse potatiskroketter (500 g)
lättkokt grön sparris
cocktailkapris

Gör så här»

1. Sätt ugnen på 225°.

2. Lös buljongtärningen i vattnet i en traktörpanna. Häll på citronsaft och salt. Lägg i kycklingen och koka upp. Lägg på locket och låt kycklingen sjuda på låg värme ca 15 minuter, eller tills termometern visar 70°.

3. Spródbaka potatiskroketterna enligt anvisningen på förpackningen.

4. **Sås:** Mixa äggula, citronsaft, salt, väl avrunnen tonfisk, kapris, persilja och basilika i mixer ca ½ minut. Tillsätt oljan droppvis under gång. Smaka eventuellt av med mer salt.

5. Skiva kycklingen och servera tillsammans med sås, potatiskroketter, lättkokt sparris och cocktailkapris.

Om du använder elvisp:

Vispa äggula, citronsaft och salt pösigt. Tillsätt oljan, droppvis, under vispning. Låt tonfisken rinna av väl. Finhacka persilja och basilika. Blanda ner tonfisk, persilja, basilika och kapris i oljan och vispa ytterligare en liten stund. «

Ärt- och bönshot med rostad chorizo

Den ugnstorkade chorizon ger lite spansk hetta till den kalla shoten.

Till 4 personer:
125 g frysta gröna ärter
2 msk avokadoolja
1 msk matyoghurt
½ tsk salt
Bönröra:
½ burk svarta bönor (à 410 g)
2 msk citronolivolja
vatten
2 krm salt
1 krm nymald svartpeppar
1 chorizo
ugnsfolie

Gör så här»

1. Tina ärterna genom att snabbt lägga dem i kokande vatten. Häll av och spola i iskallt vatten.

2. Mixa ärterna till jämn konsistens med avokadoolja och yoghurt. Smaka av med salt. Täck över och ställ kallt.

3. Häll bort spadet från bönorna och skölj dem i kallt vatten. Mixa bönor och citronolja. Späd med lite vatten. Smaka av med salt och peppar. Täck och ställ kallt.

4. Sätt ugnen på 200°. Skär chorizon i långa smala stavar. Lägg korvstavarna på bakplåtspapper i en ugnssäker form. Stek mitt i ugnen ca 10 minuter. Låt stavarna torka på hushållspapper och skär dem i mindre bitar.

5. Servera soppan i kylda glas. Bottna med bönröra och lägg sedan i ärtröra. Bjud korven som snacks bredvid. «

Tequilamarinerad *majskyckling*

Njut av spännande goda smaker och våga något nytt. Börja med en shot gjord på ärter och bönor med knapriga chorizostavar. Till huvudrätt serveras tequila- och citrusmarinerade majskycklingbröst med svart ris, vilket ibland kan vara lite svårt att få tag på, men det går att ersätta med vildris eller vildrisblandning.

Till 4 personer:
600 g majskycklingbröst
1 dl tequila blanco
1 dl limejuice från flaska
2 msk apelsinlikör
2 vitlöksklyftor, pressade
½ tsk salt
2 krm nymald svartpeppar
2 dl mellangrädde
4 gula körsbärstomater
4 röda körsbärstomater

Avokado- och apelsinsallad:
2 apelsiner
2 avokador
1 krm salt
1 kruka färsk koriander
1 msk hackad gräslök

Tillbehör:
svart ris

Gör så här>>

1. Dela kycklingbrösten i ca 2 x 2 cm stora bitar och lägg i en plastpåse. Blanda tequila, limejuice, apelsinlikör, vitlök, salt och peppar i en skål och häll den över kycklingen. Ställ kallt minst 20 minuter.

2. **Sallad:** Skär ut skinnfria klyftor från apelsinerna över en skål. Dela, kärna ur och skiva avokadon. Blanda med apelsinsaft och klyftorna. Strimla korianderbladen och vänd ner i salladen tillsammans med gräslöken.

3. Sätt ugnen på 200°. Sila av och spara marinaden. Bryn kycklingbitarna snabbt i varm torr panna med släpplätt-beläggning. Efterstek mitt i ugnen ca 10 minuter tills innertemperaturen är 70°. Trä upp bitarna på fyra spett. Avsluta med en gul och en röd körsbärstomat.

4. Koka ihop marinaden med grädde och fruktspadet från avokadosalladen i en kastrull minst 5 minuter, tills ca 3 dl återstår.

5. Servera kycklingspetten med avokadosallad, sås och ris. <<

Att dricka till

Välj ett kryddigt, vitt vin av druvsorten pinot gris, gärna från Alsace i Frankrike. Aromatiskt och kryddigt med lätt druvsötma.

Kycklingfilé

med citron- och balsamicosås

På drygt en halvtimme lagar du till denna kycklingrätt med smak av citron och rosmarin. En klassisk kombination av medelhavssmaker med anor från antiken. Kycklingen får sjuda sakta under lock i en buljong med smak av citron och honung. Fonden blir sedan grunden till skyn som serveras till. Potatis kan tillredas på oändligt många sätt. Ett lite annorlunda vis är att bräsera den i vitt vin med vitlök och färsk rosmarin. Resultatet blir förödande gott och en potatisrätt som passar att serveras i många olika sammanhang. Som avslutning på måltiden serveras en söt klassiker från 80-talet: färsk frukt med vit choklad direkt från ugnen.

Till 4 personer:
4 kycklingfiléer (600 g)
1 tsk salt
1 krm nymald svartpeppar
1–2 msk finhackad schalottenlök
2 msk olivolja
1 msk kycklingfond
1 dl vatten
2 msk pressad citron
1 msk honung
1 msk balsamvinäger
1 tsk Maizena majsstärkelse
1 msk smör
ev salt

Potatis:
600 g fast potatis
3 msk olivolja
3 hela vitlöksklyftor, hackade
1 kvist färsk rosmarin
1 msk tomatpuré
½ dl vatten
2 tsk kycklingfond, Bongs
2 dl torrt vitt vin
1 tsk salt
1 krm nymald svartpeppar
2 krm salt
½ dl rostade pumpakärnor

Sallad:
100 g blandad sallad
2 msk rostade solroskärnor
100 haricots verts, lättkokta
2 msk olivolja med citron
1 msk citronsaft
2 krm salt

Tillbehör:
finrivet citronskal
färsk rosmarin
finriven parmesanost

Gör så här>>

1. **Potatis:** Skala och skär potatisen i ca 1 cm tjocka skivor. Stek den i olja tillsammans med vitlök och rosmarin 5–6 minuter. Rör om då och då.

2. Tillsätt tomatpuré, vatten, kycklingfond, vin, salt och peppar. Rör om och låt sedan potatisen bräsera under lock på svag värme ca 15 minuter, tills potatisen är mjuk. Prova med sticka.

3. **Kyckling:** Salta och peppra kycklingfiléerna runt om. Skala och hacka schalottenlöken och stek lätt i olivolja. Bryn därefter kycklingen lätt på båda sidor.

4. Tillsätt fond, vatten, citronsaft, honung och balsamvinäger. Låt kycklingen sjuda på svag värme under lock, till 70° innertemperatur, 8–10 minuter.

5. **Skysås:** Ta upp kycklingen och håll den varm. Sila skyn. Red av med majsstärkelse. Koka upp såsen under omrörning. Ta kastrullen från värmen och vispa i smöret strax före servering. Smaka eventuellt av med salt och peppar.

6. Blanda sallad, solroskärnor, och haricots verts. Rör ihop olja, citronsaft och salt.

7. Skär upp kycklingen. Servera med sås, potatis och sallad. Garnera med finrivet citronskal, färsk rosmarin och riven parmesan. <<

Att dricka till

Vitt vin blir bra här. Torrt, smakrikt med lätt fatlagring. Förslagsvis av druvan chardonnay från hela vinvärlden eller semillon från Sydafrika.

Gino med smak av citrus

Receptet på Gino kommer från restaurang PA & Co i Stockholm och blev populärt mot slutet av 80-talet. Här är den vita chokladen smaksatt med citron och lime, en syrlighet som förstärks av lite finrivet limeskal.

Till 4 personer:
3–4 kiwi, gröna eller gula
2 bananer
200 g frysta hallon (200 g)
100 g vit choklad, Fazers citron/lime
1 lime, rivet skal

Gör så här»

1. Sätt ugnen på grill och högsta värme. Skala och skiva kiwi och bananer och fördela med hallon i portionsformar. Riv chokladen över.

2. Gratinera högt upp i het ugn ca 2 minuter tills den vita chokladen fått lite färg. Det går snabbt, så kontrollera noga. Strö över limeskal och servera genast. «

Ölbräserad *kycklinglårfilé*

En öl till maten – javisst, men i maten ser vi det inte så ofta. Där är vinet självklart, men öl är ofta ett lika gott alternativ. Det ljusa veteölet med liten beska är friskt och fruktigt, jämförbart med vin men tillför även ölets mustighet och en ton av humle till maten. Däremot ska öl med kraftig beska användas varsamt, mer som krydda i slutet av tillagningen. I den här smakrika rätten fylls kycklingfiléerna med salvia och citron, bräseras i en ölbuljong och serveras med ugnsrostad färskpotatis. Den friska sorbeten till dessert görs på det spontanjästa ölet Kriek, som innehåller körsbärsjuice.

Till 4 personer:
600 g kycklinglårfilé
1 tsk salt
½ tsk torkad salvia
2 tsk rivet citronskal
1 krm nymald svartpeppar
2 msk smör

Ölbuljong:
2 ½ dl veteöl, t ex Erdinger Weissbier (1505)
1 dl vatten
2 tsk rivet citronskal
2 msk pressad citron
1 tsk salt
½ tsk salvia
1 krm nymald svartpeppar
1 msk Maizena majsstärkelse + vatten
250 g körsbärstomater

Tillbehör:
700 g färskpotatis, rostad
50 g machesallad

Gör så här>>

1. Vik ut lårfiléerna. Fördela salt, salvia, citronskal och svartpeppar på insidan. Rulla samman och fäst med avklippta grillpinnar eller tandpetare.

2. Hetta upp smöret i en stekpanna, bryn filéerna runt om.

3. Koka upp öl, vatten, citronskal, citronsaft, salt, salvia och peppar i en vid panna.

4. Lägg kycklingen i ölbuljongen. Lägg på lock och sjud ca 10 minuter. Vänd kycklingen efter halva tiden.

5. Lyft upp kycklingen. Sila eventuellt såsen. Red med majsstärkelse utrört i vatten. Halvera tomaterna och lägg i dem. Koka upp.

6. Lägg upp kycklingen på tallrikar, häll såsen runt om, garnera med machesallad och servera potatisen till.

Rostad färskpotatis

Sätt ugnen på 225°. Tvätta potatisen, halvera eller klyfta den. Olja en långpanna, vänd potatisen i den, salta och rosta mitt i ugnen ca 20 minuter. <<

Att dricka till

Välj med fördel samma veteöl som kycklingen bräseras i. Friskt och lätt med bara aningen beska.

Krieksorbet

Kriek är ett friskt och fruktigt belgiskt öl med sötma och liten beska.

Till 4 personer:
1 gelatinblad
1 dl vatten
1 ½ dl strösocker
5 dl kriek, körsbärsöl
1 äggvita
½ dl körsbärsmarmelad

Gör så här»

1. Lägg gelatinbladet i kallt vatten 5 minuter. Koka upp vatten och socker, lös gelatinbladet däri. Låt lagen kallna.

2. Blanda lag och öl. Vispa upp äggvitan lätt och vänd ner den. Häll blandningen i en glassmaskin. Häll sorbeten i en skål, vänd varsamt ner marmeladen. Ställ i frys till serveringen. «

Kycklingfilé med honung och citron

Fira fredagen med en härlig lättlagad kycklingrätt serverad med knaperstekta potatisskivor och doftande parma- och rosmarintwist. Detta lilla enkla tillbehör av rosmarin och parmaskinka passar även till rätter med grillad fisk eller lamm. Middagen med ljumma medelhavstoner avslutas med en läskande sorbet med melontopping.

Till 4 personer:
4 kycklingfiléer (ca 600 g)
1 tsk salt
2 krm nymald svartpeppar
1 citron
1 hel vitlök
1 msk smör
2 msk honung
1 dl torrt vitt vin

Twist:
4 stora rosmarinkvistar
4 skivor parmaskinka

Potatis:
8 medelstora potatisar (ca 600 g)
3 msk olivolja
2 tsk flingsalt

Tillbehör:
½ påse rucola (à 80 g)

Gör så här>>

1. Krydda kycklingfiléerna med salt och peppar. Skölj citronen noga i ljummet vatten. Skär citronen i bitar. Dela vitlöken i klyftor.

2. Hetta upp smöret i en liten gryta. Bryn kyckling och vitlöksklyftor runt om ca 3 minuter. Tillsätt honung och vin. Låt puttra ca 5 minuter under lock. Tillsätt citronbitarna och låt puttra ytterligare ca 5 minuter. Kycklingen är färdig vid 70° innertemperatur, använd gärna stektermometer.

3. Sätt ugnen på grill 225°. Linda en skiva parmaskinka runt varje rosmarinkvist. Lägg kvistarna på en plåt med bakplåtspapper.

4. Skölj potatisen väl och skär den i tunna skivor, använd gärna mandolin. Hetta upp lite av oljan i en stor stekpanna. Stek potatisskivorna i omgångar tills de blir knapriga och gyllenbruna, ca 3 minuter per sida. Strö över flingsalt.

5. Sätt in parma- och rosmarinkvistarna mitt i ugnen och låt stå ca 5 minuter. Värm potatisen i formen vid sidan om.

6. Lägg upp kycklingen på tallrikarna tillsammans med citron och vitlöksklyftor. Toppa med parma- och rosmarintwist. Garnera med rucolablad och servera med citronskyn och potatis. <<

Att dricka till

Här passar ett friskt, torrt rosévin med ganska mycket kraft i smaken. Välj gärna ett av druvsorten cabernet sauvignon eller syrah.

Sorbet med lime- och honungsmarinerad melontopping

Limeskivorna gör att sorbeten ligger stadigt på tallriken utan att glida.

Till 4 personer:

1 förp citron- eller apelsinsorbet (ca 350 g)
2 lime
1 klyfta melon (ca 200 g), t ex honungsmelon
1 msk flytande honung

Gör så här>>

1. Ta ut sorbeten från frysen. Forma den till kulor med hjälp av glasskopa och lägg dem i en liten långpanna med bakplåtspapper i botten. Ställ i frysen till serveringen.

2. Skölj limen noga i ljummet vatten. Strimla skalet från en halv lime och pressa ut saften från hela limen. Skär den andra limen i tunna skivor. Skala, kärna ur och skär melonen i små tärningar.

3. Blanda limeskal, limesaft och honung i en skål. Vänd ner melontärningarna.

4. Servera sorbeten på en bädd av limeskivor. Toppa med de marinerade melontärningarna. «

Kall gurksoppa med yoghurt

Hittar du inte avokadoolja går den att ersätta med en mild olivolja.

Till 4 personer:
1 gurka (ca 400 g)
2 dl turkisk yoghurt
1 liten vitlöksklyfta
½ tsk salt
1 krm nymald svartpeppar
Tillbehör:
2 skivor formfranska
1 msk olivolja
1 kruka körvel
2 tsk avokadoolja

Gör så här»

1. Skala och skär gurkan i mindre bitar. Mixa den med yoghurt i matberedare. Smaka av med pressad vitlök, salt och svartpeppar.

2. Kantskär brödet och skär det i små fyrkanter. Stek dem knapriga i olivolja.

3. Häll upp soppan i glas eller koppar. Garnera med krutonger och körvel. Droppa över avokadoolja. «

Att dricka till

Ett vitt, torrt vin med koncentration och fräschör blir bra här. Druvan grüner veltliner från Österrike eller pinot grigio från Italien är två förslag.

Majskyckling med sommarprimörer

Elegant enkelt och lättlagat, perfekt en fredagskväll. Den milda gurksoppan med små krutonger som inleder middagen svalkar och retar aptiten. Därefter kan du njuta av en mör och saftig majskyckling till sommarprimörer. Nykokt färskpotatis mosas med en gaffel till ett stamp som smaksätts med nyklippt dill och citron. Vackert grön gräslöksolja ringlas runt de lättkokta primörerna som serveras till.

Till 4 personer:
4 majskycklingbröst med skinn (ca 700 g), t ex Bjärekyckling
1 msk olivolja
1 tsk salt
2 krm nymald svartpeppar

Färskpotatisstamp:
600 g färskpotatis
1 dl vispgrädde
1 dl mjölk
2 msk hackad dill
1 tsk pressad citron
¾ tsk salt

Grönsaker:
6 späda knippmorötter
6 gröna sparrisar
4 rädisor
1 msk olivolja
1 tsk flingsalt

Gräslöksolja:
1 dl olivolja
1 dl hackad gräslök
20 g babyspenat
½ tsk pressad citron
2 krm salt

Garnering:
dillkvistar

Gör så här»

1. Sätt ugnen på 125°. Bryn kycklingen i olivolja. Salta och peppra. Tillaga kycklingen mitt i ugnen tills innertemperaturen är 70°. Beräkna 25–30 minuter.

2. Skrapa och koka potatisen mjuk i lättsaltat vatten. Låt potatisen rinna av.

3. Koka upp grädde och mjölk. Tillsätt potatisen och mosa med en gaffel. Blanda i dill, citronsaft och salt.

4. Skrapa morötterna. Skär morötter och sparris i 3 cm stora bitar. Koka mjuka i saltat vatten, morötterna ca 4 minuter och sparrisen ca 2 minuter. Kyl grönsakerna i isvatten. Skiva rädisorna tunt.

5. Hetta upp olivoljan i en kastrull och värm morötter och sparris. Tillsätt rädisor strax före servering. Salta.

6. Mixa alla ingredienser till gräslöksoljan.

7. Fördela potatisen på tallrikar. Skär kycklingen i ca 2 cm tjocka skivor och ställ runt om. Strö över grönsakerna och ringla på oljan. Garnera med dillkvistar. «

Vinbräserad *kycklingfilé*

Kycklingfiléerna fylls med lufttorkad skinka och ost och får puttra i vinet medan rotfrukterna rostas i ugnen. Bräsera gärna kycklingen i det vin du väljer att dricka till. Som dessert gör vi en snabbvariant av italiensk cassata där vaniljglass blandas med torkad tropisk frukt.

Till 4 personer:

4 kycklingfiléer (500 g)
½ tsk + 1 tsk salt
100 g emmentalerost
4 skivor lufttorkad skinka
1 msk smör
1 msk olivolja
2 dl torrt vitt vin
½ msk Maizena redning för ljusa såser
½ tsk salt

Rotfrukter:

1 kilo fast potatis
1 fänkål
1 stor rödlök
2 msk smör
2 msk olivolja
2 tsk salt
1 kvist små tomater (10–12 st)

Gör så här>>

1. Sätt ugnen på 225°. Skala och klyfta potatisen. Ansa och skär fänkålen i mindre bitar. Skala och klyfta löken.

2. Blanda potatis, fänkål, lök, smör, olja och salt i en långpanna.

3. Stek mitt i ugnen tills rotfrukterna är lagom mjuka och fått fin färg, ca 30 minuter. Lägg tomaterna ovanpå när det återstår 10 minuter av stektiden.

4. Snitta under tiden kycklingfiléerna på längden så att det blir en liten ficka. Strö på ½ tsk salt. Skär osten i skivor. Fördela ost- och skinkskivor i fickan på filéerna och vik ihop. Fäst med en tandpetare. Strö på 1 tsk salt.

5. Hetta upp smör och olja i en trång traktör- eller stekpanna. Stek filéerna runt om tills de fått fin färg.

6. Häll över vinet och bräsera kycklingen på svag värme under lock 15–20 minuter, eller tills innertemperaturen är 70°.

7. Ta upp filéerna och håll dem varma under folie.

8. Koka eventuellt ihop vinspadet till 2 dl. Red av med Maizenaredning. Låt koka upp. Smaka av med salt.

9. Ta bort tandpetarna och skär kycklingen i skivor. Servera med rotfrukter, tomater och sås. «

Att dricka till

Prova ett friskt, torrt och fruktigt vitt vin. Antingen med lätt fatlagring eller ingen alls. Chardonnay-viner från hela vinvärlden.

Snabb cassata

Har du gott om tid kan frukten läggas i lite apelsinlikör innan den blandas ner i glassen.

Till 4 personer:
½ liter vaniljglass
½ påse blandad torkad tropisk frukt (à 200 g)
Tillbehör:
rullade rån med hasselnötssmak

Gör så här»

1. Ta fram glassen och lägg över den i en skål. Låt den stå framme och mjukna lite.

2. Skär eventuellt den tropiska frukten i mindre bitar och blanda snabbt ner den i glassen.

3. Skeda upp glassen och servera genast tillsammans med rullade rån. «

Stekt kyckling med svampcannelloni

Karljohanssvamp, med sin fylliga och karaktäristiska smak, steks med gul lök och kokas ihop med lite grädde. Vill du förhöja smaken ytterligare tillsätts några droppar tryffelolja. Servera med en saftig majskycklingfilé, varm grönsallad, knaprig bacon och rucola. Till dessert en snabblagad yoghurtglass med päron.

Till 4 personer:

4 majskycklingfiléer (ca 500 g)
1 paket bacon (140 g)
1 tsk salt
1 krm nymald svartpeppar

Cannelloni:

200 g färska lasagneplattor
1 schalottenlök
400 g blandsvamp, trattkantareller eller karljohanssvamp
1 msk olivolja
1 ½ dl mellangrädde
½ tsk salt
1 krm nymald svartpeppar
1 tsk Maizena majsstärkelse
1 dl lagrad riven ost

Sås:

1 dl mellangrädde
5 dl hönsbuljong
1 dl torrt vitt vin

Tillbehör:

200 g kantareller eller karljohanssvamp
1 liten squash
1 röd paprika
1 msk olivolja
150 g sockerärter
½ tsk salt
rucola

Gör så här >>

1. **Cannelloni:** Skala och hacka löken. Rensa och hacka svampen. Fräs den tills all vätska försvunnit. Tillsätt olja och stek alltsammans ca 5 minuter. Tillsätt grädde och låt koka ihop ca 2 minuter. Salta och peppra. Red eventuellt av med majsstärkelse utrört i lite kallt vatten. Låt svalna.

2. **Sås:** Koka ihop grädde, hönsbuljong och vin tills det återstår ca 5 dl.

3. Sätt ugnen på 200°. Lägg ut lasagneplattorna på en skärbräda. Fördela svampröran på plattorna och rulla ihop. Lägg dem med skarven ner i en ugnssäker form. Häll över såsen och strö över ost. Ställ den mitt i ugnen och tillaga ca 15 minuter.

4. Stek baconet knaprigt i stekpannan. Lyft upp och låt det rinna av på hushållspapper.

5. Salta och peppra kycklingfiléerna. Stek dem först med skinnsidan ner i stekpannan med baconfett. Vänd och stek dem på andra sidan ca 10 minuter, tills innertemperaturen är 70°. Låt vila under folie ca 5 minuter.

6. Rensa svampen, skiva squashen, kärna ur och och skär paprikan i bitar. Stek svampen utan olja tills vätskan försvunnit. Tillsätt grönsakerna och stek i olja ca 3 minuter i stekpannan. Salta.

7. Severa kycklingen med svampcannelloni, sås och grönsaker. Strö över bacon och rucola. <<

Att dricka till

Här passar ett friskt, rött vin. Välj gärna druvan sangiovese från Italien eller pinot noir från USA.

Päronyoghurtglass med ingefära

Skär päronklyftorna så tunt som möjligt så fryser de snabbt.

Till 4 personer:
1 burk päron (425 g)
2 msk vit sirap
1 msk riven färsk ingefära
2 dl turkisk yoghurt
ev florsocker
Tillbehör:
1 päron
fruktmüsli

Gör så här>>

1. Häll av lagen och skär päronen i mycket tunna skivor. Bred ut skivorna på en tallrik täckt med plastfolie.

2. Blanda sirap och ingefära. Ringla det över päronskivorna. Täck över och ställ i frysen minst 1 timme.

3. Lossa skivorna och lägg ner dem i en matberedare. Tillsätt yoghurt och mixa snabbt ihop till en glass. Servera genast med päronskivor och müsli. <<

Bröd- och ostbakad *kyckling*

När helgen kommer är det skönt att koppla bort veckostressen och sätta sig ner till en lite festligare middag. Och du behöver inte stå timmar i köket heller.

Det här är en snabblagad kycklingrätt i ugnen, med potatis som får god smak och sälta av kapris.

Njut av ett gott rött vin till och bjud på en läcker liten godbit efter maten: kulor av mandelmassa med apelsinsmak, perfekt till en kopp espresso med apelsinlikör och lite grädde.

Till 4 personer:

4 kycklingfiléer (500 g)
1 msk smör
1 tsk salt
1 krm nymald svartpeppar
2 skivor formfranska
1 dl färskriven parmesan
2 msk hackad bladpersilja
2 msk smör & rapsolja

Potatis:

8–10 potatisar (ca 800 g)
1 rödlök
½ dl kapris
2 msk hackad bladpersilja
2 msk vitvinsvinäger
½ dl olivolja
2 msk vatten
½ tsk salt
1 krm nymald svartpeppar

Gör så här»

1. Sätt ugnen på 225°. Bryn kycklingfiléerna i smör i en stekpanna ca 3 minuter per sida. Krydda med salt och peppar. Lägg filéerna på ett ugnssäkert fat.

2. Smula sönder brödet och blanda med ost, persilja och smör & rapsolja. Fördela blandningen över kycklingen.

3. Tillaga den mitt i ugnen ca 15 minuter, tills kycklingen är genomstekt.

4. Skala och skär potatisen i skivor. Koka skivorna mjuka i lättsaltat vatten i en kastrull. Låt potatisen rinna och ånga av.

5. Skala och skär under tiden rödlöken i tunna skivor. Mixa hälften av kaprisen med pesilja, vinäger, olivolja och vatten med en mixerstav. Smaka av med salt och peppar.

6. Varva potatisen med lök och den gröna vinägretten i en skål. Strö över resterande kapris.

7. Servera kycklingen med potatis, tomater och sallad. «

Att dricka till

Ett rött vin med mjuk och bärig karaktär; till exempel beaujolais från Frankrike. Ett vin av druvan merlot från Nya världen är ett annat förslag.

Mandelmassekulor med apelsin och choklad

Servera kulorna till espresso smaksatt med apelsinlikör och toppad med lättvispad grädde.

Till 12 kulor:
150 g mandelmassa
1–2 tsk apelsinlikör, t ex Grand Marnier
50 g mörk choklad
6–12 rostade sötmandlar

Gör så här »

1. Riv mandelmassan fint på rivjärn och blanda med marmelad och likör.

2. Forma till 12 kulor. Smält chokladen och doppa kulorna till hälften i chokladen.

3. Stick en bit rostad sötmandel i varje kula. Ställ svalt fram till servering. «

Majskyckling med apelsinsås

För er som inte smakat majskyckling förut lovar vi en angenäm smakupplevelse. Avnjut den tillsammans med den här mustiga skysåsen, med fin balans mellan sött och salt. Salladen med apelsiner är ett fräscht tillbehör till kycklingen.

Till 4 personer:
4 majskycklingfiléer med skinn (600 g)
1 tsk salt
2 msk smör

Klyftpotatis:
800 g mandelpotatis
1 tsk salt
2 msk smör
2 msk olivolja
½ tsk salt

Sockerlag:
1 apelsin, rivet skal
1 msk strösocker
½ dl vatten

Sallad:
2 apelsiner
3 stjälkar selleri
2 krm salt
½ dl rostade pumpakärnor

Sås:
1 schalottenlök
1 msk smör
½ msk tomatpuré
2 dl vatten
1 msk japansk soja
4–5 msk pressad apelsin
1 dl madeira
1 sats sockerlag
1 hönsbuljongtärning
1 msk Maizena majsstärkelse
2 msk vatten
1 krm salt
1 msk smör

Gör så här»

1. **Potatis:** Skala och klyfta potatisen, koka den 5 minuter i saltat vatten. Låt ånga av i durkslag.

2. **Kyckling:** Sätt ugnen på 150°. Salta kycklingen runtom. Stek den i smör med skinnsidan ner tills skinnet är gyllenbrunt. Vänd och stek ytterligare ca 2 minuter.

3. Lägg filéerna i en ugnssäker form och stek mitt i ugnen ca 20 minuter, tills innertemperaturen är 68°. Täck och ställ åt sidan till servering. Höj ugnsvärmen till 250° till potatisen.

4. Smält smöret i en långpanna. Blanda smöret med olja, potatisklyftor och salt. Ugnsbaka potatisen mitt i ugnen ca 15 minuter, tills den fått fin färg. Rör om en gång under tiden.

5. **Sockerlag:** Skölj apelsinen. Riv av det gula skalet med ett zestjärn. Sjud skalet i socker och vatten under lock på svag värme ca 5 minuter. Sila lagen. Spara lagen till såsen och skalen till garnering.

6. **Sallad:** Skala alla apelsiner med en vass kniv så att allt det vita skalet försvinner. Skär ut hinnfria klyftor över en skål. Spara saften till såsen.

7. Skölj, ansa och strimla sellerin. Blanda apelsinklyftor, selleri och salt. Strö över pumpakärnor.

8. **Sås:** Skala och hacka löken. Fräs den i smör 2-3 minuter. Blanda i tomatpuré, vatten, soja, apelsinsaft, madeira och sockerlag. Smula i buljongtärningen och koka utan lock tills 3 dl återstår. Sila. Red av med majsstärkelse utrört i vatten. Smaka av med salt. Koka 2-3 minuter. Rör ner smör.

9. Servera kycklingen med klyftpotatis, sås och sallad. Garnera med apelsinskal. «

Att dricka till

Här fungerar ett smakrikt, rött, fruktigt vin, exempelvis av druvan merlot från Europa eller av druvan barbera från Italien.

Färsk ananas i romlag med vaniljglass och kokosströssel

Till 4 personer:
1 färsk ananas
50 g smör
½ dl strösocker
1 dl mörk rom
2 msk riven kokos
½ liter vaniljglass

Gör så här>>

1. Skala, skiva och skär ananasen i mindre bitar. Blanda smör, socker och rom i en kastrull.

2. Sjud utan lock 3-4 minuter tills sockret löst sig och lagen blivit simmig.

3. Rosta kokosen i en torr stekpanna under omrörning tills kokosen fått lite färg.

4. Fördela ananasen i portionsglas. Ringla romlagen över. Lägg på en kula glass och strö över rostad kokos. «

Majskycklingbröst med saffransgnocchi

Det här är en färgstark meny som lämnar tid över till annat. Kycklingen kryddas med örter och gnocchin smaksätts med bland annat saffran och vitt vin. Majskycklingfiléer säljs nu styckade med skinnet kvar, där sitter mycket av den goda smaken. De är att föredra framför de vanliga filéerna utan skinn. Till efterrätt serveras en rustik fruktsallad i rött som smaksätts med äkta lönnsirap och frisk granatäppeljuice. Salladen serveras med knapriga och lättgjorda kardemummaskorpor.

Till 4 personer:

2–4 benfria majskycklingbröst (beroende på storlek) med skinnet kvar (500 g)
½ dl färsk timjan
4 kvistar färsk rosmarin
½ citron, skal och pressad saft
2 krm nymald svartpeppar
1 msk olivolja
1 tsk havssalt
1 msk smör

Saffransgnocchi:

100 g savoj- eller grönkål
400 g färsk gnocchi
1 msk olivolja
2 schalottenlökar
2 msk smör
½ påse saffran (0,25 g)
1 dl torrt vitt vin
1 dl vatten
1 msk konc kycklingfond
1 dl marinerade strimlade soltorkade tomater

Gör så här>>

1. Lägg kycklingbrösten i en påse tillsammans med grovhackad timjan, rosmarin, citronskal och citronsaft, peppar och olivolja. Sätt ugnen på 125°.

2. **Saffransgnocchi:** Skär bort rotstocken från savojkålen. Skär den i korta strimlor. Förväll den i kokande lättsaltat vatten ca 1 minut. Häll av och skölj i kallt vatten.

3. Koka gnocchin enligt anvisningar på förpackningen. Häll av och skölj hastigt i kallt vatten.

4. Salta kycklingen. Hetta upp en stekpanna med smör. Ta upp kycklingfiléerna ur kryddpåsen. Stek med skinnsidan ner ca 4 minuter. Vänd och stek andra sidan 4 minuter. Efterstek kycklingfiléerna i ugnen tills innertemperaturen är 70°, ca 15 minuter.

5. Finhacka schalottenlökarna och fräs den genomskinlig i smör. Strö över saffran, häll på vin, vatten och kycklingfond. Sjud ca 5 minuter.

6. Lägg tomater, kål och gnocchi i saffransbuljongen. Blanda och servera genast med kycklingen. <<

Att dricka till

Rött, smakrikt och mustigt vin matchar den här rätten. Primitivo-viner från södra Italien till exempel.

Fruktsallad med lönnsirap och snabba kardemumma-skorpor

Blir det skorpor över kan de förvaras lufttätt och sparas ca 1 vecka. Stöt hel kardemumma i mortel. Det är värt ansträngningen!

Till 4 personer:
1 ciabatta
2 msk smält smör
1 msk strösocker
1 tsk stött kardemumma
Fruktsallad:
3 färska fikon
200 g blå kärnfria vindruvor
1 granatäpple
50 g pekan- eller valnötter
3 msk lönnsirap

Gör så här>>

1. Sätt ugnen på 200°. Skiva ciabattan tunt. Lägg skivorna på en plåt. Pensla med smält smör. Strö över socker och kardemumma. Grädda mitt i ugnen 5–8 minuter. Låt svalna på plåten.

2. Skär fikonen i klyftor. Blanda med vindruvorna. Halvera granatäpplet och pressa saften ur ena halvan. Plocka hela kärnor ur den andra. Blanda ner saft och kärnor, nötter och lönnsirap. Låt stå i kyl till servering. Vänd försiktigt i frukten. Lägg upp i portionsskålar. Servera med kardemummaskorpor. «

Orientalisk soppa med räkor

En värmande soppa är alltid en trevlig inledning på en måltid. Här får potatis och tomat gott sällskap av kokosmjölk och en aning spiskummin.

Till 4 personer:
4 mjöliga potatisar (ca 300 g)
1 liten rödlök, hackad
2 msk olivolja
4 dl vatten
2 hönsbuljongtärningar
1 burk passerade tomater (400 g)
1 ½ dl kokosmjölk
2 krm mald spiskummin
½ tsk salt
Tillbehör:
½ kilo räkor med skal
färsk koriander

Gör så här»

1. Skala potatisen och skär den i mindre bitar. Fräs lök och potatis i olivolja. Tillsätt vatten och buljongtärningar. Sjud 15 minuter under lock.

2. Tillsätt tomater, kokosmjölk, spiskummin och salt. Sjud ytterligare 10 minuter tills potatisen är riktigt mjuk. Mixa hastigt med mixerstav.

3. Skala och fördela räkorna i soppan. Garnera med färsk koriander. «

Att dricka till

Ett rött bourgognevin från Frankrike är en klassisk kombination med anka. Bourgogne görs av druvan pinot noir, så ett sådant från Kalifornien, USA eller Nya Zeeland är också ett bra ankvin.

Ankbröst

med vinbräserad lök och apelsinsås

Det finns smaker som ingått evigt äktenskap. Ett exempel är ankan och apelsinen – två klassiska följeslagare genom mathistorien. Det ursprungliga receptet på anka och apelsin sägs komma från Siena i Italien och fördes till Frankrike av Katarinas av Medici kockar. Katarina blev drottning av Frankrike i mitten av 1500-talet, och hon sägs ha lyft det franska köket mot dess kulinariska höjder.

Till 4 personer:
2 ankbröst med fettkappan kvar (850 g)
1 tsk salt

Sås:
finrivet skal av 1 apelsin
saft av 2 apelsiner (ca 2 dl)
2 msk strösocker
1 msk vitvinsvinäger
2 dl torrt vitt vin
1 msk konc kalvfond
½ tsk salt
1 tsk ljus Maizenaredning
stekspadet från ankan
1 msk smör

Vinbräserad lök:
3–4 rödlökar (ca ½ kilo)
2 msk olivolja
2 dl torrt vitt vin
½ msk fänkålsfrön
½ tsk strösocker
½ tsk salt
1 krm nymald svartpeppar

Mos:
800 g mjölig potatis
1 msk smör
1 dl matlagningsgrädde
1 dl mjölk
1 tsk salt

Gör så här»

1. **Anka:** Sätt ugnen på 175°. Snitta fettkappan i ett rutmönster. Salta och bryn med fettkappan nedåt 4–5 minuter tills den fått fin färg. Vänd och stek färdigt i mitten av ugnen tills innertemperaturen är 65°. Håll brösten varma i folie. Spara stekspadet till såsen.

2. **Bräserad lök:** Skala och skiva löken. Hetta upp oljan och fräs löken under omrörning ca 5 minuter. Häll på vinet och tillsätt fänkålsfrön och socker. Smaka av med salt och peppar. Rör om väl och låt sedan löken sjuda på svag värme under lock ca 10 minuter, tills den mesta vätskan kokat in. Värm före servering.

3. **Sås:** Finriv det gula skalet från 1 apelsin, som sparas till servering. Pressa saften ur 2 apelsiner. Blanda socker och vinäger i en kastrull. Värm under omrörning tills sockret har smält och låt det bubbla vidare tills blandningen tar lite färg utan att bli bränd.

4. Dra kastrullen från plattan. Blanda ner apelsinsaft, vitt vin, kalvfond och salt. Koka ihop tills ca 2 dl återstår. Strö i Maizenaredning och låt koka upp. Tillsätt stekspadet från ankbrösten. Vispa i smöret.

5. **Mos:** Skala potatisen och skär den i mindre bitar. Koka i saltat vatten. Häll av vattnet och pressa potatisen. Rör i smör, grädde, mjölk och salt.

6. Servera ankan i skivor med mos, lök och sås. Strö över det finrivna apelsinskalet. «

Ankbröst
med grapefruktsås

Det här är en variant av den franska klassikern anka à l'orange. Apelsinen är utbytt mot blodgrapefrukt och hel anka mot det möra ankbröstet.

Till ankan och den lite sötsyrliga såsen passar en mild puré av potatis och rotselleri och små shiitakesvampar, som har en utsökt god lite kryddig smak. Haricots verts med brynt vitlök gör rätten komplett.

Till 4 personer:
1 ankbröst (ca 600–700 g)
1 tsk salt
2 krm nymald svartpeppar

Grapefruktsås:
1 blodgrapefrukt
½ dl ljust muskovadosocker
2 msk rödvinsvinäger
3 dl vatten
1 ½ msk kycklingfond
½ tsk hel svartpeppar
2 tsk arrowrot eller Maizena majsstärkelse
1 krm salt

Potatis- och selleripuré:
600 g mjölig potatis, t ex King Edward
200 g rotselleri
2 msk smör
2–2 ½ dl matlagningsgrädde
1 krm nymald vitpeppar
1 ½ tsk salt

Tillbehör:
300 g haricots verts
300 g shiitakesvamp
1 + 1 msk olivolja
2 msk hackad gräslök
1 + 1 tsk smör
2 stora vitlöksklyftor
½ + 1 tsk salt
1 + 1 krm nymald svartpeppar

Gör så här>>

1. **Sås:** Skär av det yttersta av skalet på halva grapefrukten. Strimla det fint. Lägg strimlorna i en skål och häll över kokande vatten för att få bort den beska smaken. Upprepa proceduren. Pressa saften ur grapefrukten (ca 1 dl). Sila.

2. Smält muskovadosockret på medelvärme. Passa noga så att det inte bränns. Häll på rödvinsvinäger, grapefruktjuice, vatten och fond när det mesta av sockret är smält. Tillsätt svartpepparkornen. Koka ihop ca 10 minuter. Sila. Tillsätt grapefruktskal och fortsätt koka ca 5 minuter. Red av såsen med arrowrot utrörd i lite vatten. Salta.

3. **Puré:** Skala potatis och rotselleri och skär i skivor. Koka dem mjuka 10–15 minuter. Häll av vattnet och tillsätt smör och matlagningsgrädde. Mosa eller vispa till en slät puré. Tillsätt eventuellt mer grädde, det ska bli ett löst mos. Smaka av med peppar och salt.

4. Torka av ankbrösten. Snitta den feta skinnsidan i ett rutmönster med vass kniv. Salta och peppra runt om. Hetta upp en stekpanna. Stek brösten med skinnsidan ner ca 8 minuter, tills de får fin gyllenbrun färg. Vänd och stek dem i sitt eget fett ca 8 minuter på köttsidan, till 65° innertemperatur. Låt köttet vila övertäckt minst 5 minuter. Förväll bönorna hastigt i lättsaltat vatten.

5. Stek svamp i smör och olivolja ca 5 minuter. Strö på ½ tsk salt och peppra. Ta upp, strö över gräslök och täck med folie. Skiva vitlöken tunt och stek den gyllenbrun i resterande smör och olivolja tills den får färg. Lägg i bönorna, salta och peppra. Låt dem fräsa 1–2 minuter tillsammans med vitlöken.

6. Skär upp ankbrösten i cm-tjocka skivor. Ta vara på köttsaften och häll ner den i såsen. Hetta upp såsen och servera med tillbehören. <<

Att dricka till

Prova ett rött bourgognevin från Frankrike, eller vin av druvan merlot från Chile eller Australien om du föredrar en sötsaftigare känsla.

Päron med pekannötter och yoghurt

Till 4 personer:
2 stora mogna päron
3 msk smör
2 dl turkisk yoghurt
citronmeliss eller mynta
Fyllning:
1 dl grovhackade pekannötter
½ dl muskovadosocker
3 msk smör

Gör så här»

Sätt ugnen på 225°. Blanda samman ingredienserna till fyllningen. Skala, halvera och kärna ur päronen. Skär halvorna så de ligger plant med kärnhussidan upp. Lägg dem i en smord form. Fördela nötfyllningen på halvorna. Ugnsbaka 12–15 minuter mitt i ugnen. Servera päronen ljumma med yoghurt. Garnera med citronmeliss. «

Anka
med balsamsky och färska fikon

I den här menyn har råvarornas smak i både förrätt och varmrätt förhöjts med syrliga ingredienser. Granatäpple och lime i förrätten matchas med honung, och i huvudrätten står balsamvinäger för den mjuka syran. Den som vill kan balansera syran i såsen med ett uns socker.

Till 4 personer:
2 ankbröst (à 350 g)
1 tsk salt
1 krm nymald svartpeppar
Potatis:
2 morötter
400 g Smått & gott-potatis
1 msk rapsolja
1 tsk flingsalt
1 krm nymald svartpeppar
Tillbehör:
1 paket bacon (140 g)
1/2 dl finskuren gräslök
Balsamsky:
1 bananschalottenlök
1 msk + 1 msk smör
2 msk brun farin
1 dl rött vin
1 dl balsamvinäger
2 dl vatten
1 msk konc kalvfond
1 tsk Maizena majsstärkelse
4 färska fikon

Gör så här >>

1. Sätt ugnen på 150°. Skär några snitt med en kniv i fettkappan på ankbrösten. Bryn ankan i en torr het stekpanna, börja med fettkappan nedåt, ca 4 minuter på fettsidan och 2 minuter på andra sidan. Lägg i en ugnssäker form och stek klart mitt i ugnen tills innertemperaturen är 65°. Låt ankan vila medan potatisen tillagas.

2. Potatis: Höj ugnsvärmen till 250°. Skala morötterna och skär i bitar. Halvera potatisen. Lägg rotsakerna i en långpanna. Häll på olja. Salta och peppra. Tillaga mitt i ugnen 20–25 minuter.

3. Balsamsky: Skala och finhacka löken. Fräs löken i 1 msk smör i en kastrull. Tillsätt farinsockret och låt det smälta in. Häll på vin, balsamvinäger, vatten och fond. Låt koka ihop till drygt hälften. Red av såsen med majsstärkelse utrörd i lite vatten. Runda av med 1 msk smör och sila ner såsen i en ny kastrull.

4. Klyfta fikonen och lägg ner alla klyftor utom fyra i skyn.

5. Skär ankan i tunna skivor. Strimla baconet och stek i torr het panna. Låt rinna av på hushållspapper. Vänd ner bacon och gräslök i de ugnsstekta rotsakerna. Servera till ankan med balsamsky och fikon. <<

Att dricka till

Ett generöst rött vin av druvan barbera från Italien eller en vaniljdoftande spansk rioja.

Räkcocktail med granatäpple

Räkcocktailen går utmärkt att förbereda några timmar före servering. Förvara den i kylen tills det är dags att bjuda till bords.

Till 4 personer:
500 g räkor med skal, gärna färska
1 granatäpple
½ gurka
2 salladslökar
1 röd chili, t ex spansk peppar
1 lime, finrivet skal och pressad saft
1 msk fruktig olivolja
1 msk flytande honung
1 krm flingsalt
½ krm nymald svartpeppar
Tillbehör:
4 skivor ugnsrostat bröd

Gör så här»

1. Skala räkorna. Halvera granatäpplet och plocka ut kärnorna.

2. Dela, kärna ur och tärna gurkan fint. Strimla salladslöken. Kärna ur och hacka chilin.

3. Blanda allt och smaka av med skal och saft av lime, olja, honung, salt och peppar.

4. Servera med ugnsrostat bröd. «

Fisk och skaldjur

När man frågar folk vad de brukar äta på krogen svarar väldigt många att de väljer fisk. Varför, undrar man då, och svaret blir att ”det gör man inte hemma för det är så svårt”. Men glöm nu att det är svårt, för det är det verkligen inte. Hemligheten är att vara varsam med både värme och tid. Fisk vill lagas till i förhållandevis låga temperaturer, till exempel i ugn 150–175°, och fisk ska aldrig koka utan bara sjuda, och inte särskilt länge heller. Vår vanligaste fisk i alla sammanhang är tveklöst lax, och den bör tillagas med noggrannhet för att då bli lika läcker som den finaste gulfenade tonfisk. Se till exempel receptet på tonfisk på sidan 72 eller receptet på lax på sidan 51.

Gourmetmiddagar förgyller vi gärna med havets förnämliga skaldjur, som pampiga humrar eller pigga små räkor. De är nästan alltid kokta när de köps, och då är det återigen viktigt att tänka på att inte hetta upp dem för länge om de ska serveras varma. Det handlar bara om någon minut så att de precis hinner hettas upp. Då behåller de sin fräschör och sin spänst. Pilgrimsmusslor med sin fina bulliga knappform är också flitigt använda i gourmetsammanhang. De är tacksamt tålmodiga och lätta att laga både på grill och i panna. En riktig favorit när man vill briljera.

CHROMA

Parmarullar fyllda med färskost

Ett perfekt litet drinktilltugg att ha på lut i frysen. Servera med oliver och ett svalt rosévin att dricka till.

Till 4 personer:
100 g parmaskinka
100 g färskost smaksatt med gräslök
1 msk strimlad gräslök
1 krm svartpeppar
1 tsk olivolja

Gör så här>>

1. Lägg ut parmaskinkan på plastfolie. Bred på färskosten och rulla ihop, forma som en smällkaramell.

2. Ställ in i frysen ca 30 minuter så att det blir lättare att skära. Skär upp i cm-tjocka skivor och garnera med gräslök, svartpeppar och olivolja.

3. Servera gärna med oliver och rosévin. <<

Att dricka till

Ett friskt vitt vin, gärna med lätt fatlagring. Vit bordeaux är ett förslag, liksom ett chardonnayvin från exempelvis Nya Zeeland.

Ugnsbakad *röding*

Avsluta veckan med små färskostfyllda parmarullar och oliver till ett svalt glas rosévin medan huvudrätten tillagas.

Sedan följer en ugnsbakad röding med krämig och god blomkålspuré. Den milda blomkålspurén till fiskens lena smaker är en god kombination. För att få en slät puré bör blomkålen koka riktigt mjuk innan den mixas. Den smörfrästa, lite knapriga svampen och den salta rommen gör middagen läcker och elegant.

Till 4 personer:
4 rödingfiléer (à 150 g)
1 tsk olivolja
1 tsk salt
1 krm nymald vitpeppar

Blomkålspuré:
600 g blomkål
2 dl lätt crème fraiche
1 tsk salt

Svamp:
300 g skogschampinjoner
1 schalottenlök
1 msk smör
1 msk grovhackad dill
½ tsk salt
1 krm nymald svartpeppar

Tillbehör:
3 msk forellrom
1 msk plockad dill
½ rödlök
1 tsk avokado- eller olivolja
1 tsk flingsalt
2 tsk rivet citronskal

Gör så här»

1. Sätt ugnen på 175°.

2. Bryt blomkålen i buketter. Koka dem mjuka i lättsaltat vatten under lock ca 15 minuter. Krama ut vätskan ur blomkålen med hjälp av en handduk. Mixa slät med lätt crème fraiche och smaka av med salt. Späd eventuellt med lite av kokspadet.

3. Putsa rödingen och smörj en plåt med olivolja. Salta och peppra fisken. Lägg fisken på plåten med skinnsidan uppåt. Stek mitt i ugnen ca 10 minuter, tills den är färdig. Dra bort skinnet före servering.

4. Putsa svampen och skär i fyra bitar. Skala och finhacka löken. Stek svampen gyllenbrun i smöret, avsluta med att lägga i lök och dill. Smaka av med salt och peppar.

5. Fördela blomkålspurén mitt på tallrikarna. Lägg på fisken och toppa med svampen. Garnera med forellrom, dill, strimlad rödlök, olja, salt och citronskal. «

Knaperstekt röding
med grönsakscannelloni

Lättlagad fredag med stekt röding som serveras med fänkåls- och spenatfylld cannelloni gratinerad med parmesankräm. Enkelheten sätter sitt signum med två råvaror i huvudrollen, röding och fänkål, båda med tydlig karaktär.

Chokladmoussen med lite god, fruktig olivolja och knapriga krutonger är ett reseminne från Spanien och får avsluta menyn.

Till 4 personer:
600 g rödingfilé med skinn
1 msk olivolja
1 tsk salt
1 krm nymald svartpeppar

Cannelloni:
200 g färska lasagneplattor
1 fänkål (ca 200 g)
1 påse bladspenat (150 g)
1 msk olivolja
½ tsk salt
50 g parmesanost
2 dl crème fraiche
1 dl mjölk

Garnering:
citronklyftor
salladsskott
ev parmesanost

Gör så här»

1. Sätt ugnen på 200°. Skär bort roten från fänkålen och skiva den tunt. Fräs den mjuk i olivolja ca 2 minuter. Blanda ner spenaten och smaka av med salt. Låt fräset svalna.

2. Skär lasagneplattorna i ca 10 x 10 cm stora bitar. Fördela fänkålsfräset i mitten på varje platta och rulla ihop. Lägg rullarna i en smord ugnssäker form.

3. Riv parmesanosten och blanda med crème fraiche och mjölk. Häll crème fraiche-blandningen över rullarna. Tillaga mitt i ugnen ca 25 minuter.

4. Salta och peppra rödingen under tiden. Stek den med skinnsidan nedåt i olivolja ca 2 minuter. Vänd fisken och stek ytterligare ½–1 minut.

5. Servera rödingen med cannelloni, citronklyftor och salladsskott. Strö gärna över lite extra parmesanost. «

Att dricka till

Ett svalt rödvin med mjuk, bärig karaktär. Till exempel ett beaujolaisvin från Frankrike eller vin av pinot noir-druvan från USA eller Chile.

Chokladkräm med brödkrutonger, olivolja och flingsalt

Till 4 personer:
125 g mörk choklad
1 ½ dl vispgrädde
1 msk fruktig olivolja
½ tsk flingsalt
Krutonger:
1 skiva vitt toastbröd
1 msk olivolja

Gör så här»

1. Hacka chokladen och lägg i en bunke. Koka upp grädden och häll den över chokladen. Vispa tills chokladen smält och krämen är slät. Häll upp i fyra små glas eller koppar och kyl ca 2 timmar.

2. Fintärna toastbrödet och stek det i olivoljan tills det fått en gyllene färg. Låt krutongerna rinna av väl på hushållspapper.

3. Servera chokladkrämen överströdd med knapriga krutonger, olivolja och flingsalt. Servera genast. «

Sesamräkor med limedipp

Servera räkorna direkt från ugnen, då är sesamfröna runt räkorna riktigt knapriga.

Till 4 personer:
500 g räkor med skal
1 äggvita
2 tsk röd currypasta
1 tsk sesamolja
1 dl sesamfrön

Limedipp:
2 msk råsocker
2 msk pressad lime
3 msk sojasås

Gör så här»

1. Sätt ugnen på 275°. Skala räkorna, men behåll det yttersta skalet på stjärten.

2. Blanda äggvita, currypasta och sesamolja. Vänd i räkorna och låt stå ca 10 minuter. Ta upp räkorna. Häll sesamfröna i en påse, lägg i räkorna och skaka påsen försiktigt. Lägg räkorna en och en på bakpappersklädd plåt. Tillaga i övre delen av ugnen ca 5 minuter.

3. Blanda socker och limesaft och rör tills sockret löst sig. Tillsätt sojasåsen. Dippa de nygräddade räkorna i såsen. Servera halvtorr sherry till. «

Att dricka till

Här passar ett vitt vin med kryddighet och druvsötma som matchar den asiatiska touchen i rätten. Förslagsvis vin av druvan torrontés från Argentina eller vintypen Edelzwicker (blandade druvsorter) från Alsace i Frankrike.

Färserad lax

med koriandersås

Sesam, kokos, chili och ingefära ger asiatisk doft och smak åt de vanliga råvarorna lax och räkor. Den färserade laxen går bra att göra i ordning i förväg och förvaras väl täckt i kylskåpet. Såsen däremot bör göras strax före servering eftersom syran från limen gör koriandersåsen grå om den får stå. Tänk på att fräsa grönsakerna hastigt så att de behåller sin krispighet.

Till 4 personer:

700 g laxfilé med skinn
1 tsk + ½ tsk salt
1 äggvita
1 burk kokosmjölk (400 ml)
1 röd chili, t ex spansk peppar
1 msk finhackad färsk ingefära

Sås:

2 vitlöksklyftor
1 msk rapsolja
½ lime, rivet skal
1 msk pressad lime
1 msk råsocker
1 tsk salt
1 kruka koriander
1 msk Maizena majsstärkelse

Grönsaker:

2 morötter
1 gul paprika
150 g sockerärter
1 msk rapsolja
½ tsk salt
3 msk olivolja
2 tsk flingsalt

Garnering:

limeskivor

Gör så här>>

1. Sätt ugnen på 200°. Skär bort skinnet från laxen. Skär filén i fyra bitar, ca 3 cm breda à ca 125 g (spara 200 g till färsen). Skär en längsgående skåra i dem. Lägg laxen på en bakpappersklädd plåt.

2. Skär resterande lax i mindre bitar. Mixa laxen i en matberedare eller med mixerstav. Tillsätt 1 tsk salt och äggvitan. Mixa ca 10 sekunder.

3. Skrapa kokosmjölken ur burken. Vispa den slät. Kärna ur och finhacka chilin. Häll 1 dl av kokosmjölken i laxfärsen under maskinens gång. Rör ner chili och ingefära. Fyll färsen i en spritspåse utan tyll. Spritsa färsen i skårorna på laxen. Tillaga mitt i ugnen 10–12 minuter.

4. **Sås:** Skala och finhacka vitlöken. Fräs den i olja ca 3 minuter. Tillsätt resten av kokosmjölken, limeskal och -saft, råsocker och salt. Låt koka ca 2 minuter. Tillsätt koriandern, spara några blad till garnering. Mixa såsen slät med mixerstav. Rör ut majsstärkelsen i lite kallt vatten och häll redningen i såsen. Låt koka upp.

5. Skala morötterna. Kärna ur paprikan. Strimla morot och paprika riktigt fint, gärna med mandolin. Strimla sockerärterna. Fräs grönsakerna ca 3 minuter i olja. Krydda med salt.

6. Fördela grönsakerna på tallrikar. Lägg på laxen och häll lite av såsen runt om. Garnera med limeskivor. Servera laxen med resten av såsen och ris. «

Gratinerad getostfylld zucchini med tomatdroppar

Att blanda ut getosten med lite crème fraiche gör den drygare. Det är även gott att använda som dipp.

Till 4 personer:
100 g mjuk getost
3 msk crème fraiche
1 squash (ca 325 g)
2 krm salt
½ msk olivolja

Tomatdroppar:
8 körsbärstomater i klyftor
1 krm salt
½ msk olivolja

Gör så här»

1. Rör ihop getost och crème fraiche.

2. Skär squashen i fyra bitar. Gröp ut kärnhusen utan att gräva igenom. Salta snittytan och bryn runt om i olivolja.

3. Ställ bitarna på ett ugnssäkert fat och fyll hålen med getostcrèmen. Lägg tomatbitarna runt om. Salta och droppa olja över tomaterna.

4. Gratinera i 200° ca 20 minuter. Ytan ska få fin färg.

5. Servera med tomatbitarna runt om. «

Att dricka till

Ett vitt vin med frisk syra och liten örtighet blir bra här. Prova ett italienskt gjort av druvan verdicchio.

Frasig fisk

med vinkokt potatis

Mild senapssmak får den pankopanerade fiskfilén. Det japanska ströbrödet panko gör fisken extra frasig, men det är utbytbart mot vanligt ströbröd. Klyftad potatis, kokt i lök- och vinsky, gör detta till en liten gourmetmiddag med färg från den marinerade moroten.

Getostfylld squash med små söta körsbärstomater inleder fredagskvällens middag. Medan squashen gratineras i ugnen knapersteks fiskfiléerna och potatisen kokar varsamt i lök- och vinsky.

Till 4 personer:

600 g vit fisk, t ex gös, abborre
1 tsk salt
1 krm nymald vitpeppar
1 stort ägg
1 ½ msk dijonsenap
½ dl durumvetemjöl
2 dl pankopanering (japanskt ströbröd)
1 smör och 2 msk rapsolja till stekning

Vinkokt potatis:

2 schalottenlökar, knappt 1 dl hackad
1 msk smör
750 g fast potatis
2 dl torrt vitt vin
1 dl vatten
¾ tsk salt
12 smakrika små svarta oliver, urkärnade, t ex taggiasca

Marinerade morötter:

2 stora morötter
1 msk pressad citron
2 msk olivolja
2 krm salt
1 km nymald svartpeppar
1 msk körvelblad eller bladpersilja
1 msk basilikablad, fint skurna

Gör så här»

1. **Marinerade morötter:** Hyvla moroten i tunna långa skivor. Koka 1 minut i saltat vatten. Häll av och spola i kallt vatten. Låt rinna av. Lägg morotsskivorna i citronsaft, olivolja, salt, peppar, körvel och basilika.

2. **Potatis:** Skala, hacka och fräs löken mjuk i smör i en kastrull.

3. Skala och klyfta potatisen. Lägg ner potatisen i lökkastrullen. Häll på vin och vatten. Tillsätt salt och koka under lock på svag värme tills potatisen är mjuk. Lägg i oliverna mot slutet av koktiden.

4. **Fisk:** Salta och peppra på fisken. Vispa samman ägg och senap. Vänd fiskbitarna i mjöl, ägg och panko. Stek dem gyllenbruna i smör och rapsolja på medelvärme, 3–5 minuter på varje sida beroende på fiskens tjocklek.

5. Servera den nystekta fisken med potatis- och koksky och de marinerade morotsskivorna. «

Friterade ostron med fänkålspuré

Kasta bort öppna ostron som inte sluter sig när du knackar på dem.

Till 4 personer:
1 fänkål (ca 200 g)
1 stor mandelpotatis (ca 80 g)
1 vitlöksklyfta
1 ½ msk pressad apelsin
1 ½ msk olivolja
½ tsk salt
1 krm nymald svartpeppar

Ostron:
8 ostron
½ dl vetemjöl
1 ägg
1 dl rivet vitt bröd eller panko (japanskt ströbröd)
ca 4 dl rapsolja

Gör så här»

1. Sätt ugnen på 150°. Ansa och skär fänkålen i mindre bitar. Skala och skär potatis och vitlök i mindre bitar. Lägg fänkål, potatis och vitlök i en ugnssäker form. Tillsätt apelsinsaft och olivolja.

2. Tillaga mitt i ugnen ca 45 minuter, tills fänkål och potatis mjuknat. Mixa ingredienserna med mixerstav. Salta och peppra.

3. Öppna ostronen. Låt dem rinna av på dubbelvikt hushållspapper. Vänd ostronen först i vetemjöl, sedan i uppvispat ägg och till sist i vitt bröd eller panko. Hetta upp oljan i en fritös eller kastrull till 180°.

4. Fritera ostronen ca 1 minut, tills de fått fin färg. Servera de nyfriterade ostronen med fänkålspurén. «

Öppna ostronen så här

Håll ostronet med den plana sidan upp i en tjock handduk som skydd för handen. Använd en kraftig kniv och tryck in den mellan skalhalvorna, vicka och bänd upp en springa och håll den öppen med hjälp av handduken och fingertopparna. Torka av kniven och för in den på nytt. Följ tätt utmed insidan av övre skalhalvan tills kniven stöter på slutmuskeln som håller ihop över- och underdel. Gröp försiktigt ut ostronet.

Lättlagad fredagsmeny med ostron och sik

Ostron och fänkål spelar huvudrollerna i denna fräscha meny. Även du som är ovan vid ostron bör absolut prova de friterade ostronen! Eller såsen på mixade ostron, olivolja och citron som serveras till stekt sik och inlagd fänkål.

Till 4 personer:

4 rödingfiléer (à 150 g)
800 g sikfilé med skinnet kvar
1 tsk salt
1 krm nymald vitpeppar

Inlagd fänkål:

1 dl ättiksprit (12 %)
2 dl strösocker
3 dl vatten
1 fänkål (ca 200 g)
1 gurka
10 färska dragonblad

Ostronsås:

4 ostron
½ dl olivolja
4 msk pressad citron
½ tsk salt
2 krm strösocker
1 krm nymald svartpeppar

Tillbehör:

kokt potatis

Gör så här»

1. **Inlagd fänkål:** Koka upp ättika, socker och vatten i en kastrull. Låt lagen kallna. Ansa fänkålen. Skiva fänkål och gurka riktigt tunt, gärna med mandolin. Hacka dragonen. Blanda ner fänkål, gurka och dragon i lagen. Låt stå i kylen ca 1 timme.

2. **Ostronsås:** Öppna ostronen. Mixa ostron, olivolja och citronsaft med mixerstav. Smaka av med salt, socker och peppar.

3. Sätt ugnen på 150°. Skär siken i portionsbitar. Halstra siken i het stekpanna med skinnsidan nedåt. Krydda med salt och peppar och lägg fisken på ett ugnssäkert fat. Tillaga mitt i ugnen ca 10 minuter. Låt grönsakerna rinna av från lagen.

4. Servera siken med grönsaker, ostronsås och kokt potatis. «

Att dricka till

Vitt vin med frisk syra, citrustoner och liten pepprighet. Det brukar man hitta i österrikiska viner gjorda av druvan grüner veltliner.

Sidecar

En klassiker baserad på de tre c-na: cognac, Cointreau, citronjuice. Drinken sägs vara skapad på Harry's Bar i Paris där en fransk major drack så rikliga mängder att han fick köras hem i motorcykelns sidovagn. Ett salt tilltugg passar utmärkt till den syrliga drinken. Bred ört- och vitlökskryddad Boursinost på färdiga crostini och toppa med kapris eller små bitar av torkad, marinerad tomat.

Till 1 drink:
4 cl konjak
2 cl Cointreau
2 cl citronjuice
is

Gör så här»
Fyll en shaker till drygt hälften med is. Häll i konjak, Cointreau och citronjuice. Skaka kraftigt och sila upp drinken i cocktailglas. Lägg eventuellt i en isbit. «

Att dricka till

Servera ett vitt, ganska fylligt vin med god fruktighet, gärna fatlagrat. En vit bourgogne från Frankrike är ett bra val, liksom chardonnay från Nya världen.

Citron- och senapspanerad *lax*

Att laga till lax i ugn är bekvämt, och man slipper en massa os och fettstänk. Här är den penslad med sötsyrlig citronglace och beströdd med senapsfrön som ger laxen fin yta och god smak med lite sting. Till den serveras en krämig risotto med kronärtskockor. Kallrökt skinka som rostats i ugnen ger rökt smak och knaprighet till laxen. Använd gärna termometer när du steker laxen. Om innertemperaturen går till endast 58° har laxen kvar sin rosa kärna och behåller sin saftighet.

Till 4 personer:
600 g laxfilé, mittbit med skinn
2 msk citron- eller annan citrusmarmelad
1 tsk rivet citronskal
2 msk pressad citron
1 tsk salt
1 krm nymald svartpeppar
1 msk gula senapsfrön
1 msk bruna senapsfrön

Risotto:
2 schalottenlökar
1 vitlöksklyfta
1 msk smör
2 dl arborioris
1 dl torrt vitt vin
7–8 dl vatten
1 ½ msk grönsaksfond
1 msk olivolja
250 g frysta kronärtskockor
1 dl riven parmesanost
1 krm salt
1 krm nymald svartpeppar

Tillbehör:
4 tunna skivor lufttorkad, rökt skinka
½ dl finskuren gräslök

Gör så här >>

1. **Skinka:** Sätt ugnen på 225°. Lägg skinkskivorna på en plåt klädd med bakplåtspapper. Ugnsrosta dem mitt i ugnen 4–5 minuter, tills de fått en något mörkare färg. Passa noga. Låt svalna.

2. **Risotto:** Skala och hacka schalottenlök och vitlök. Fräs löken i smör, tillsätt riset och låt det fräsa med någon minut. Häll på vinet, hälften av vattnet samt grönsaksfond. Låt sjuda 10 minuter, rör då och då. Häll på resterande vatten och fortsätt sjuda ca 10 minuter. Lite mer vatten kan behöva tillsättas mot slutet. Risotton ska vara ganska lös.

3. **Lax:** Dela laxen i fyra jämnstora portionsbitar och lägg dem på en plåt med bakplåtspapper. Salta och peppra. Rör ihop marmelad med citronskal och citronsaft. Om det är svårt att röra ut kan den värmas några sekunder i mikrovågsugnen. Pensla blandningen på laxbitarna. Stöt senapsfröna i mortel och strö dem över.

4. Ugnsstek laxen mitt i ugnen 10–12 minuter eller till en innertemperatur på 58°.

5. **Servering:** Hetta upp olivoljan i en stekpanna och bryn kronärtskockorna ca 5 minuter. Salta. Blanda ner parmesanost och kronärtskockor i risotton. Peppra.

6. Smula sönder skinkskivorna och blanda med gräslöken. Stick stekspaden mellan fiskköttet och skinnet så skinnet blir kvar på papperet och fiskbiten blir skinnfri. Lägg upp risotto och laxbitar på tallrikar. Strö över skink- och gräslöksströsslet. <<

Knaperstekt gös
med brynt smör

Bjud in till en enkel vårmiddag eller försommarlunch. Räkor, kokt ägg och rikligt med dill serveras till den stekta gösfilén. Koka färskpotatis till och häll över brynt smör.

Fisk med ägg, pepparrot och brynt smör är en riktig klassiker. Här har vi stekt fjällad gösfilé knaprig på skinnsidan. Till den serveras en god "driva" gjord på ägg, färska räkor och dill. Chokladganachen med chili till efterrätt ger sting utöver det vanliga. Serverad med fräsch frukt blir den perfekt efter gösen.

Till 4 personer:
4 portionsbitar fjällad gösfilé (à ca 125 g)
1 msk smör
1 msk rapsolja
1 tsk salt
1 krm nymald svartpeppar

Timbal:
500 g räkor med skal
4 hårdkokta ägg
1 dl hackad dill
4 msk färsk riven pepparrot

Tillbehör:
50 g smör
500 g färskpotatis eller Smått & Gott
citronklyftor

Gör så här>>

1. Skala räkorna och hacka de skalade äggen. Blanda räkor, ägg, dill och pepparrot försiktigt.

2. Bryn smöret under omrörning i en liten kastrull. Låt gärna smöret stå en stund efter att det har brynts så att de brända partiklarna faller till bottnen och smöret blir helt klart.

3. Hetta upp smör och olja i en stekpanna. Stek gösen på skinnsidan till fin färg, ca 2 minuter. Vänd och stek ytterligare ca 2 minuter. Salta och peppra.

4. Lägg upp ägg- och räkblandningen på tallrikar, därefter gösen, potatis och en klyfta citron. Häll på brynt smör. Garnera med dill. <<

Att dricka till

Här passar ett fruktigt, generöst vitt vin. Gärna av druvan chardonnay, som odlas i hela vinvärlden.

Chilichokladganache med fruktsallad

Ju längre du låter ganachen stå i kylen, desto fastare blir den i konsistensen.

Till 4 personer:
150 g mörk choklad (70 %)
1 röd chili, spansk peppar
2 dl vispgrädde
1 msk honung
1 msk smör
Fruktsallad:
1 mango
½ melon, t ex cantaloupe
2 kiwi
Garnering:
ev röda chilifrukter

Gör så här»

1. Finhacka chokladen och lägg den i en bunke. Dela chilin och skrapa bort de flesta kärnorna. Koka upp grädde med chili och honung. Ställ åt sidan och låt dra under lock ca 10 minuter. Koka upp igen och häll grädden genom en sil över den hackade chokladen.

2. Rör chokladgrädden med smöret till en jämn och glansig ganache. Häll upp i små serveringsglas och ställ i kyl till servering. Den ska serveras kall.

3. Kärna ur, skala och tärna mango och melon. Skala och tärna kiwin. Servera fruktsalladen till ganachen. «

Musselgryta med chorizo

Koka musslorna i en mustig buljong där den kryddstarka korven ger extra karaktär. Vanligtvis brukar musslor koka bara några minuter, men här rekommenderar vi att koka dem lite längre än normalt, ca 25 minuter. Musslorna blir inte sega och man får ett mustigare spad. Kontrollera att musslorna lever innan de kokas. Musslor med trasiga skal bör kastas, liksom öppna musslor som inte sluter sig när du knackar på dem. Musslorna kan förberedas 1–2 timmar i förväg, men potatisen bör göras strax före servering för att behålla sin krispighet.

Till 4 personer:
6–8 potatisar (600 g)
2 msk rapsolja
6–8 schalottenlökar
200 g chorizokorv
1 påse blåmusslor (ca 1 kilo)
1 msk olivolja
½ hönsbuljongtärning
4–6 vitlöksklyftor
3 dl torrt vitt vin
2 ½ dl mellangrädde
½ tsk salt
½ dl strimlad persilja

Till servering:
1 baguette
2 msk olivolja

Gör så här»

1. Skala och skiva potatisen. Hetta upp rapsolja i en stor stekpanna. Stek potatisskivorna mjuka 15–20 minuter, rör om och vänd potatisskivorna då och då.

2. Skala och hacka löken. Dra av skinnet på korven och skiva den. Borsta och skölj musslorna. Släng bort de öppna musslor som inte sluter sig när du knackar på dem.

3. Fräs löken mjuk i olivolja i en stor gryta 3–4 minuter. Blanda i korven, smulad buljongtärning och oskalade vitlöksklyftor. Häll på vin och koka under omrörning 2–3 minuter.

4. Lägg i musslorna. Koka dem på högsta värme under lock ca 5 minuter. Skaka grytan 1–2 gånger under tiden. Sänk värmen och sjud musslorna ytterligare 20 minuter.

5. Sätt ugnen på 250°. Skär baguetten i skivor. Lägg skivorna på en bakpappersklädd plåt och pensla dem med olivolja. Rosta mitt i ugnen ca 5 minuter, tills de fått fin färg.

6. Häll grädden i grytan och koka 2–3 minuter utan lock. Krydda med salt. Tillsätt persilja.

7. Servera musslorna i djupa tallrikar tillsammans med potatis, spad och crostini. «

Att dricka till

Ett generöst vitt vin med fruktig och lite kryddig karaktär. Ett alsacevin av druvan pinot gris är ett bra förslag.

Varma smördegsknyten med fruktkompott

Med hjälp av färdig smördeg trollar man fram delikata desserter på nolltid.

Till 4 personer:
2 persikor
2 plommon
20 kärnfria vindruvor
½ dl syltsocker
1 msk apelsinlikör (Triple Sec eller Cointreau)
2 smördegsplattor
finrivet limeskal
Tillbehör:
lättvispad grädde

Gör så här»

1. Sätt ugnen på 225°. Skölj, kärna ur och skär persikor och plommon i klyftor. Halvera druvorna.

2. Koka ihop frukten med syltsocker och likör till en kompott. Låt kallna.

3. Skär smördegsplattorna i fyra lika stora bitar. Tryck ut degen i aluminiumformar, 7–8 cm i diamter. Grädda mitt i ugnen 10–12 minuter, tills de fått fin färg. Låt svalna.

4. Skeda kompotten i smördegsknytena. Finriv lite limeskal över. Servera med resten av kompotten och lättvispad grädde. «

Toast med kallrökt lax och senapsdressing

Senapsdressingen rör du ihop på ett ögonblick, ett gott alternativ till de färdigköpta.

Till 4 personer:
2 skivor vitt formbröd
1 msk smör
200 g tunt skuren rökt lax
1 avokado
40 g rucola
½ dl torrostade pinjenötter
1 krm nymald svartpeppar
½ citron
Dressing:
1 msk flytande honung
2 msk ljus fransk senap
3 msk olivolja
1 krm salt
½ dl finhackad dill

Gör så här»

1. Kantskär brödet och dela det på mitten. Stek det snabbt i brynt smör på båda sidor.

2. Rör ihop dressingen. Skala och skär avokadon i skivor.

3. Fördela rucola och lax på brödet. Lägg på avokado och dressing. Strö över pinjenötter. Mal över svartpeppar. Servera med citron. «

Att dricka till

Ett torrt vitt vin med friskhet och lätt örtighet passar fint. En italienare av druvan verdicchio eller en österrikare av druvan grüner veltliner är två förslag.

Gösfilé
med salviasmör och svart trumpetsvamp

Att fisk och svamp är en lyckad kombination känner de flesta till. Men att kalvfond förhöjer smakupplevelsen ytterligare kan komma som en överraskning för många. Men så är det. Pröva får du se!

Flera goda matsvampar finns numera torkade i 30-gramspåsar i de stora matbutikernas sortiment. Svart trumpetsvamp är en av dem.

Till 4 personer:
600 g gösfilé
1 tsk salt
½ dl vetemjöl
2 msk smör

Tillbehör:
30 g torkad svamp eller 250 g färsk
600 g färskpotatis
2 msk smör
1 tsk salt
1 knippa grön sparris (250 g)
150 g sockerbönor
2 krm salt

Skysås:
2 msk konc kalvfond
1 dl vatten
2 msk pressad citron
2 msk smör

Salviasmör:
8–10 salviablad
2 msk smör

Gör så här»

1. Blötlägg torkad svamp i 2 dl kallt vatten minst 15 minuter.
2. Dela större potatisar i mindre bitar. Stek dem i smör i het stekpanna 5–6 minuter under omrörning. Salta. Sänk värmen, lägg på ett lock lite på glänt. Stek ytterligare 10–15 minuter. Rör om då och då.
3. **Skysås:** Blanda kalvfond, vatten, citronsaft och smör i en liten kastrull. Värm tills smöret smält. Ställ åt sidan.
4. **Salviasmör:** Bryn salviabladen i smöret tills smöret blir aningen gyllenbrunt. Låt svalna. Sila bort salvian. Ställ åt sidan.
5. Låt blötlagd svamp rinna av väl. Fräs den i smör på låg värme 10–15 minuter. Rör om då och då. Blanda ner svampen i skysåsen. Värm före servering.
6. Ansa och skär sparrisen i mindre bitar. Fräs sparrisen i salviasmöret 2–3 minuter. Lägg i sockerbönor och låt fräsa med 2–3 minuter under omrörning. Salta.
7. **Fisk:** Salta fisken på båda sidor. Vänd filéerna i mjöl. Stek fisken i smör i het stekpanna 1–2 minuter på varje sida beroende på tjocklek.
8. Servera genast med tillbehören. «

Pilgrimsmusslor
på lyxiga spett

Stora pilgrimsmusslor varvas med bacon och laxkuber på spett. På så vis håller fisk och musslor ihop bättre och du minskar risken att tappa bitarna i glöden. Till det passar risoni, en pasta som liknar risgryn i formen. Den blir krämig av en klick mascarpone, en italiensk färskost. För att få extra tugg i konsistensen och trevligt utseende blandas risonin med puylinser, eller svarta linser som de också kallas. En frisk fruktsallad med smak av röda bär passar bra till dessert.

Till 4 personer:

8 stora pilgrimsmusslor
300 g laxfilé
1 tsk salt
2 krm nymald svartpeppar
4–8 skivor bacon
1 msk olivolja

Risoni:

1 dl puylinser eller gröna små linser
1 lagerblad
1 ½ dl risoni
1 vitlöksklyfta
1 schalottenlök
2 tsk olivolja
2 dl grönsaksbuljong
1 dl hackad dill
1 msk mascarpone

Apelsin- och dragonsås:

1 msk farinsocker
1 msk konc kycklingfond
1 ½ dl pressad apelsin
1–2 tsk rivet apelsinskal
1–2 tsk rödvinsvinäger
1 msk rumstempererat smör
2 tsk hackad färsk dragon eller ½ tsk torkad

Tillbehör:

tomater i olika färger
1 msk olivolja
1 tsk flingsalt

Gör så här»

1. Tänd grillen. Blötlägg grillspetten 15 minuter. Salta och peppra musslor och lax. Trä upp pilgrimsmusslor och lax varvat med bacon.

2. **Risoni:** Koka linserna i lättsaltat vatten med ett lagerblad 15 minuter. Koka risonin enligt anvisningar på paketet.

3. Skala och hacka vitlök och schalottenlök fint. Fräs den glansig i olivolja och tillsätt de kokta linserna. Blanda ner risoni och grönsaksbuljong.

4. **Sås:** Blanda alla ingredienser till såsen utom smör och dragon. Låt koka ihop ca 5 minuter.

5. Pensla spetten med olivolja och grilla 3–4 minuter per sida. Halvera tomaterna och pensla dem med olivolja. Salta. Grilla dem någon minut vid sidan om spetten.

6. **Servering:** Blanda ner dill och mascarpone i risonin. Värm såsen och vispa ner smöret lite i taget. Blanda sist ner dragon.

7. Servera risoni, spett och tomater på varma tallrikar och ringla över lite sås. «

Att dricka till

Ett generöst vitt vin med tropisk frukt och lätt ekfatskrydda passar här. Chardonnay från Nya världen.

Röd fruktsallad med mascarponekräm

Använd gärna frysta bär – det blir minst lika gott och kyler salladen bra.

Till 4 personer:
250 g vattenmelon i tärningar
150 g röda vindruvor
250 g hallon
250 g jordgubbar
2 + 1 msk vit baksirap
1 dl mascarpone
1 dl matyoghurt

Gör så här»

1. Skär melonen i bitar och ta bort kärnor. Halvera druvorna. Blanda med hallon, jordgubbar och 2 msk baksirap. Låt stå kallt. Är bären frysta kan salladen stå framme tills det är dags att servera.

2. Rör samman mascarpone, matyoghurt och 1 msk vit baksirap. «

Sommarsvalka

Sötma, syra och en aning beska blandas i sommarens härligaste drink. Förbered blandningen och häll på tonic vid serveringen.

Till 4 personer:

2 dl campari
2 msk vit baksirap
2 dl apelsinjuice
6 dl tonic water
is

Gör så här»

Blanda campari, sirap och apelsinjuice och häll i höga glas. Häll i is och tonic. «

Att dricka till

Till den här rätten dricker man med fördel ett torrt, fruktigt rosévin med frisk syra. Gärna från södra Frankrike.

Grillad laxburgare

på grönsaksfyllt bröd

Mustiga smaker blandas i laxburgaren på ett annorlunda bröd. Brödet är fyllt med rostade grönsaker som ger både färg och smak, fetaosten bidrar med sälta och syra. Grönsakerna kan varieras liksom osten, och brödet kan förberedas och värmas på grillen. Laxen får en milt rökig smak av baconet som lindas runt om. De gör också att laxbiten lättare håller ihop när den grillas. Inga tandpetare behövs för att fästa baconskivorna, de fäster i varandra.

Till 4 personer:
500 g laxfilé
8 skivor bacon (ca 140 g)
1 tsk salt
2 krm nymald svartpeppar

Grönsaksbröd:
2 squash
2 auberginer
1 röd paprika
1 rödlök
2 msk citronolivolja
5 dl vetemjöl (300 g)
2 tsk bakpulver
½ tsk salt
75 g smör
1 dl vatten
100 g fetaost

Tillbehör:
2 dl turkisk yoghurt
100 g fetaost
citron

Gör så här >>

1. Sätt ugnen på 250°. Skölj och ansa grönsakerna. Skär squash, aubergine och paprika i bitar, 3 x 3 cm, klyfta löken. Lägg grönsakerna i en långpanna, ringla över olja och stek mitt i ugnen ca 25 minuter.

2. Blanda mjöl, bakpulver och salt i en matberedare. Tillsätt smöret och kör till en smulig massa. Häll i vattnet och kör hastigt till en deg.

3. Ta ut grönsakerna och låt dem svalna lite. Tärna fetaosten. Blanda hälften av grönsakerna i degen tillsammans med fetaosttärningarna. Spara resten. Tryck ut degen till en 1 ½ cm tjock rektangel, ca 12 x 24 cm, på en plåt med bakplåtspapper.

4. Grädda mitt i ugnen ca 10 minuter.

5. Skär under tiden laxen i fyra breda bitar. Salta och peppra. Rulla två baconskivor runt varje laxbit. Grilla eller stek laxen 2–3 minuter på varje sida.

6. Mixa yoghurt och fetaost till en slät kräm.

7. Skär brödet i fyra bitar. Lägg på lax och yoghurt. Fördela resten av grönsakerna runt om. Servera med citron. <<

Laxkuber med skördesallad

Nyriven pepparrot är en härlig smaksättare till både kött och fisk. Här ger den fin smak åt gräddfilen som både blandas i skördesalladen och serveras till. Färsk pepparrot kan variera en hel del i styrka, så tillsätt lite i taget och smaka av pepparrotsfilen, som med fördel blandas någon timme i förväg och förvaras kallt till serveringen. Pepparrot som blir över kan skalas och frysas inlindad i folie. Potatisen får gärna vara varm när den blandas med grönsakerna.

Till 4 personer:
600 g lax, skinn- och benfri
Buljong:
2 dl vatten
1 fiskbuljongtärning
1 citron, pressad saft (½ dl)
2 tsk salt
Skördesallad:
800 g små färskpotatisar
100 g skogschampinjoner
8–10 rädisor
150 g sockerärter
1 ask cocktailtomater
ärtskott
Pepparrotsfil:
3 dl gräddfil
1 msk dijonsenap
1 tsk flytande honung
1 msk olivolja
½ dl finriven pepparrot
½ tsk salt

Gör så här»

1. Skär laxen i 3–4 cm stora kuber. Koka upp vatten, buljongtärning, citronsaft och salt. Lägg ner laxkuberna i den heta buljongen. Täck med lock och ställ åt sidan minst 10 minuter.

2. Koka potatisen. Skiva champinjoner och rädisor, strimla sockerärterna, halvera tomaterna och grovhacka ärtskotten. Blanda grönsaker och potatis.

3. Blanda gräddfil, senap, honung, olivolja, pepparrot och salt. Vänd ner hälften av blandningen i skördesalladen och spara resten till servering.

4. Värm eventuellt laxkuberna försiktigt precis före servering. Servera med lite extra riven pepparrot. «

Att dricka till

Här passar ett fruktigt och generöst vitt vin med liten druvsötma. Chardonnay från Australien eller Chile är goda val.

Hallonsorbet, savoiardikex och hallon

Savoiardikex, ett måste i den italienska desserten tiramisu, finns i välsorterade butiker.

Till 4 personer:
1 ½ dl hallonlikör
1 ½ dl vatten
2 dl hallon, färska eller frysta
1 burk hallonsorbet (350 g)
8 savoiardikex

Gör så här»

1. Blanda likör och vatten. Fördela blandningen i fyra glas eller små skålar.

2. Fördela hälften av hallonen i likörblandningen.

3. Lägg en kula sorbet i varje glas och strö resten av hallonen runt om.

4. Dela kexen på mitten och ställ dem i glasen som på bilden. Servera genast. «

Spansk inledning

Till förrätt gör vi det lätt för oss och serverar ett glas bubblande cava till några olika spanska charkuterier, ostar och oliver. Cava är den spanska motsvarigheten till champagne och är alltid en lyckad start på en avslappnad och lättsam middag.

Att dricka till

Välj ett vitt vin med frisk syra och lätt aromatisk ton. Ett vin från spanska Rueda av druvan verdejo är ett förslag, ett annat är vin av druvan albariño från Galicien.

Friterad fisk med sardellströssel

Minnet av en smakupplevelse i Spanien skapade den här rätten där det salta sardellströsslet tillsammans med den lite söta rostade paprikan och balsamicons mjuka syra blir till en harmonisk helhet.

Rätten kräver lite jobb, men det är inte svårt. Den fisk som ska friteras bör vara ganska fast och inte för tunn. Tjock ryggfilé av stor sej passar bra men även kummel, fast den är mycket svårare att få tag på.

Vill du inte fritera kan du i stället salta fiskbitarna, rulla i vetemjöl och steka i olja eller smör till gyllengul färg. Stek därefter fisken färdig i 175° ugn 5–10 minuter beroende på hur tjocka bitarna är.

Till 4 personer:

Rostad paprika:
2 röda paprikor
ca 2 tsk olivolja

Sardellströssel:
1 kruka persilja
6 raka sardeller
2–3 pressade vitlöksklyftor
50 g mandelspån
1 krm svartpeppar

Fisk:
600 g skinn- och benfri fiskfilé, t ex sej eller kummel
4–5 dl raps- eller friteringsolja
½ tsk salt
ca 1 dl vetemjöl

Frityrsmet:
2 dl vetemjöl
1 tsk salt
1 tsk bakpulver
1 ½ dl vatten

Tillbehör:
crema di balsamico (Zeta)
couscous eller ris

Gör så här>>

1. Sätt ugnen på 250° grill. Ansa och dela paprikorna. Lägg dem med snittytan ner på en plåt med bakplåtspapper. Pensla dem med olja. Rosta dem högt upp i ugnen tills de blir bubbliga och svarta. Ta ut. Lägg dem i plastpåse och låt svalna. Dra av det tunna skalet och skär paprikahalvorna i stora bitar.

2. **Sardellströssel:** Blanda persilja, sardeller, vitlöksklyftor, mandelspån och peppar i en matberedare och kör snabbt till en smulig massa.

3. **Fisk:** Dela fiskfilén i ca 5 cm stora bitar. Vispa samman ingredienserna till frityrsmeten. Värm oljan till strax över 160° i en kastrull med höga kanter, kontrollera med termometer.

4. Salta två fiskbitar i taget, vänd dem i mjöl och doppa dem sist i frityrsmeten. Lägg försiktigt ner dem i den heta oljan så det inte stänker. Fritera 3–5 minuter beroende på hur tjocka fiskbitarna är. Vänd några gånger under tiden. Ett lämpligt redskap vid fritering är en matpincett i metall. Ta upp fiskbitarna och låt dem rinna av på ett fat med hushållspapper.

5. Värm tallrikarna före servering. Lägg på rostad paprika, strö på sardellströssel, lägg på fisk och ringla balsamico runt. Servera med couscous eller ris. <<

Laxtournedos

med kryddsmör

I vårt mestadels kalla land är det extra trevligt med en middag som för tankarna till varmare och soligare trakter. Här är det Karibiens varma vindar som för med sig kryddor och dofter som egentligen inte är ovanliga i våra kök.

Fisken blir god om den får ligga och marinera med kryddorna några timmar, men det räcker bra med 30 minuter för dig som har mer bråttom. Kryddsmöret ger ändå den sista lilla puffen för en lyckad, lättlagad middag med varma toner.

Till 4 personer:
600 g skinn- och benfri laxfilé
steksnöre

Marinad:
1 finhackad chili, t ex thaichili
20 krossade kryddpepparkorn
½ tsk torkad timjan
½ tsk riven muskot
1 tsk rörsocker
1 tsk salt
1 krm nymald svartpeppar
1 msk pressad lime
1 msk olja
2–3 finstrimlade salladslökar

Kryddsmör:
75 g smör
1 pressad vitlöksklyfta
1 krm torkad timjan
1 krm riven muskot
1 krm nymald svartpeppar
1 lime, rivet skal
½ tsk salt
½ tsk rörsocker

Tillbehör:
4 sötpotatisar, vit + röd (à 175 g)
1 rödlök
1 msk rapsolja
1 tsk salt
1 lime

Gör så här»

1. Skär laxfilén i fyra lika stora bitar. Vik ihop dem till en rundel och knyt ihop dem med ett steksnöre. Lägg dem på ett fat. Blanda ingredienserna till marinaden och häll den över fiskfiléerna. Ställ svalt och låt marinera minst 30 minuter. Vänd fisken några gånger.

2. Rör samman samtliga ingredienser till kryddsmöret, blanda väl. Lägg smöret på en bit smörpapper. Rulla ihop och vrid ändarna till en smällkaramell och lägg smöret i frysen.

3. **Tillbehör:** Sätt ugnen på 225°. Skala och skär sötpotatis och lök i bitar eller klyftor. Blanda allt med olja i en ugnssäker form. Stek i ugnen ca 15 minuter. Vänd bitarna några gånger under stekningen. När de är klara är det dags för fisken. Sänk därför ugnsvärmen till 175°.

4. Hetta upp en grillpanna eller vanlig stekpanna med olja. Stek fisken ca 1 minut på varje sida. Lägg dem i en ugnssäker form och ställ in dem i ugnen. Ta ut sötpotatisformen först och håll den varm. Stek fisken klar i ugn ca 10 minuter. Ta under tiden fram smöret och skär det i skivor.

5. Lägg stekt sötpotatis och lök på varma tallrikar. Lägg på en fiskbit och klipp bort snöret. Lägg på kryddsmör och finstrimlad salladslök. Servera med limeklyftor. «

Att dricka till

Här blir ett veteöl med liten beska gott. Veteöl är fruktiga och citrusfriska och ackompanjerar fint kryddorna i rätten.

Ananas med kokos och passion

Färsk ananas är klart att föredra, men om nöden kräver kan den ersättas med konserverad. Då måste sockret minskas och det blir inte lika fint karamelliserade bitar.

Till 4 personer:
4–5 msk riven kokos
½ färsk ananas
4 msk rörsocker
4 kulor vaniljglass
2 passionsfrukter
ev 2 msk Malibu kokosrom

Gör så här»

1. Rosta kokosen i en torr stekpanna på låg värme. Skaka om ofta och låt kokosen få lite färg. Häll upp den i en skål.

2. Ansa och skär ananasen i bitar. Vänd dem i socker och lägg dem i en stekpanna på medelvärme så sockret smälter och ananasen får lite färg. Vänd bitarna några gånger.

3. Lägg upp dem i skålar och servera med glass, urgröpt passionsfrukt och riven kokos. Du som vill kan också snitsa till desserten med lite kokosrom. «

Laxfilé med exotiskt sällskap

Sött, syrligt, mjukt, hårt och krispigt – här samsas läckra kontraster till den snabbstekta laxen. Det är alltid en utmaning att hitta nya spännande kombinationer. Den här laxen fick nytt sällskap av sötpotatis kryddad med ingefära och vitlök samt paksoi stekt med chili och krispiga cashewnötter. Laxen blir saftig och fin när den efterbakas på låg värme i ugnen.

Till 4 personer:
4 bitar laxfilé med skinn (à 150 g)
1 msk olivolja
1 tsk salt
2 krm nymald svartpeppar

Sötpotatiskräm:
700 g sötpotatis
2 vitlöksklyftor
1 msk riven ingefära
1 msk pressad lime
2 dl crème fraiche
1 tsk salt

Paksoi:
4 paksoi (à 100 g)
2 tsk olivolja
1 röd chili, spansk peppar
½ tsk salt

Garnering:
100 g rostade cashewnötter
½ kruka korianderblad
4 msk ostronsås

Gör så här>>

1. Sätt ugnen på 100°.

2. Stek laxen knaprig på skinnsidan i olivolja. Salta och peppra. Lägg laxen på ett ugnssäkert fat och tillaga mitt i ugnen 20–25 minuter tills innertemperaturen är 50°.

3. **Sötpotatiskräm:** Skala sötpotatisen och skär i mindre bitar. Skala vitlöksklyftorna. Koka sötpotatis och vitlök mjuk i saltat vatten. Låt rinna av ordentligt. Mixa slät med mixerstav tillsammans med ingefära, limesaft och crème fraiche. Smaka av med salt.

4. Skär paksoien i fjärdedelar. Stek dem gyllenbruna i olivolja ca 2 minuter per sida. Kärna ur och strimla chilin och tillsätt när paksoien är färdig. Smaka av med salt.

5. Fördela sötpotatiskrämen på tallrikar. Lägg på lax och paksoi, toppa med cashewnötter och koriander. Ringla över ostronsåsen. <<

Att dricka till

Prova ett torrt, vitt vin med markerad fruktsyra och citrustoner i smaken. Riesling från Australien är en sådan vintyp.

Chokladkräm med hallon och maräng

Den blanka chokladkrämen smakar ljuvligt till färska hallon.

Till 4 personer:
100 g mörk choklad (70 %)
1 dl vispgrädde
1 msk florsocker
40 färska hallon
15 maränger
2 msk pistaschnötter, grovhackade

Garnering:
citronmeliss

Gör så här»

1. Hacka chokladen. Koka upp grädde och florsocker och häll över chokladen. Rör tills chokladen smält. Häll upp på tallrikar och låt stelna i rumstemperatur.

2. Garnera med hallon, halverade maränger, nötter och citronmeliss. «

Fisk och skaldjur

med saffransdressing

Inte bara saffran sätter sin varma färg och smak på den här middagen. Till den grillade fisken och pilgrimsmusslorna wokar vi frukt och grönsaker i en vackert färgglad palett med friska smaker. Skär först upp alla grönsaker och frukt så går det snabbt att woka eller steka. Till fisk och skaldjur behövs en grillpanna – om du inte har en riktig grill förstås. Välj en fast fisk som går bra att grilla, t ex havsabborre, abborre eller gös. Får du inte tag på de små bläckfiskarna baby octopus kan du i stället ta extra pilgrimsmusslor.

Till 4 personer:
400 g zucchini
125 g sockerärter
1 liten purjolök (ca 100 g)
1 mango
1 papaya

Dressing:
1 ½ msk vitvinsvinäger
½ paket saffran (0,25 g)
½ dl olivolja
1 tsk gourmetsalt
1 smulad torkad piri piri
2 msk vispgrädde

Fisk och skaldjur:
400 g skinn- och benfri fiskfilé, t ex havsabborre, abborre eller gös
8–12 baby octopus (ca 200 g)
8 pilgrimsmusslor
ca 2 msk olivolja
ca 4 tsk flingsalt

Gör så här »

1. Skölj, ansa och skär zucchinin i tunna skivor eller strimlor. Ansa och dela sockerärterna. Skär purjon i tändsticksstora strimlor. Skär ut kärnan ur mangon, skala och dela fruktköttet i klyftor eller bitar. Dela papayan, kärna ur, skala och skär fruktköttet i klyftor eller bitar. Blanda alltsammans i en skål.

2. **Dressing:** Blanda samtliga ingredienser och låt den stå.

3. Dela fiskfiléerna i ca 5 cm stora bitar. Lägg upp fiskbitarna, bläckfiskarna och pilgrimsmusslorna på ett fat. Pensla med 1 msk olivolja och strö på salt. Hetta upp en grillpanna och grilla alla tre sorter ca 1 minut på varje sida. Håll dem varma.

4. Hetta upp ca 1 msk olivolja i en wok eller stor stekpanna och lägg i frukt- och grönsaksblandningen. Fräs ca 2 minuter och blanda om försiktigt hela tiden. Blanda ner ca 1 msk av dressingen och servera på varma tallrikar med grillad fisk och skaldjur samt dressing. «

Att dricka till

Smakrikt och fylligt vitt vin med rik frukt. Vin av druvan marsanne från Australien eller södra Frankrike eller chardonnay från hela vinvärlden.

Frukt i konjak

Här har vi blandat flera frukter, men det går att välja bara en sort.

Till 4 personer:
2 persikor
2 nektariner
4 plommon
1 ½ dl ljust muskovadosocker
1 ½ dl vatten
½ vaniljstång
1 dl konjak
Tillbehör:
grädde eller vaniljglass

Gör så här»

1. Koka upp vatten och sjud persikor, nektariner och plommon ca 1 minut. Spola av dem i kallt vatten och dra bort skalen.

2. Kärna ur och skär frukterna i kvartar eller klyftor.

3. Blanda socker, vatten och vaniljstång snittad på längden i en kastrull och koka upp. Låt sjuda tills sockret löst sig. Skrapa fröna ur vaniljstångens mitt så att de blandas ut i lagen.

4. Lägg frukten i den heta lagen och låt sjuda ca ½ minut. Låt det hela svalna något och tillsätt konjak. Låt det kallna och servera frukten med sin konjakslag samt lättvispad grädde eller vaniljglass. «

Färsk tonfisk
med cajunglaze

Färsk tonfisk är en både nyttig och lite lyxig avslutning på veckan. Fisken är mjäll och garanterat benfri när den säljs skivad från stora filéer. Men man ska välja gulfenad tonfisk och inte den blåfenade – som är starkt hotad på grund av överfiske.

Den här tonfisken har fått extra smak med hjälp av en kryddig glaze, som hämtat inspiration från det amerikanska köket.

Tonfisk får inte bli genomstekt! Det bästa är att grilla den snabbt så att den behåller en rå kärna och samtidigt får en aning röksmak från grillpannan. Lax är ett bra alternativ för den som inte får tag i gulfenad tonfisk.

Till 4 personer:

500 g färsk gulfenad tonfisk
1 tsk salt

Cajunglaze:

2 msk hackad färsk timjan
2 tsk torkad oregano
½ tsk mald spiskummin
1 tsk paprikapulver
1 krm cayennepeppar
1 tsk rivet citronskal
1 krm salt
2 msk rapsolja
3 msk crema di balsamico limon (Zeta) eller annan vit balsamvinäger

Risotto:

50 g pinjenötter
2 schalottenlökar
2 vitlöksklyftor
2 msk + 1 msk smör
1 ½ dl arborioris
2 tsk paprikapulver
1 dl torrt vitt vin
7–8 dl varm hönsbuljong, från tärning
10 körsbärstomater
80 g babyspenat
salt och peppar

Gör så här >>

1. **Cajunglaze:** Blanda alla ingredienser till glazen i en skål.

2. **Risotto:** Rosta pinjenötterna i torr stekpanna och lägg åt sidan. Skala och hacka schalottenlök och vitlök. Fräs löken i smör i en stekpanna.

3. Tillsätt ris och fräs ytterligare en stund. Blanda ner paprikapulver, häll på vin. Rör om så vinet kokar in. Fortsätt att späda, lite i taget, med varm hönsbuljong. Rör om då och då, ca 20 minuter. Fortsätt tills all buljong är slut.

4. Halvera och fräs körsbärstomaterna i smör. Körsbärstomater, pinjenötter och spenat vänds ner i risotton strax före servering.

5. Dela tonfisken i fyra bitar, salta. Pensla dem med glaze. Hetta upp en grillpanna och halstra dem ca 1 minut per sida. Pensla på mer glaze strax före servering. <<

Att dricka till

Här krävs ett smakrikt vitt vin med fyllig frukt och pigg syra. Prova ett bordeauxvin av bättre kvalitet eller vin av druvan chenin blanc från Sydafrika till exempel.

Romrussinglass med stekta äppelklyftor

Här serveras efterrätten i små glasburkar som öppnas vid bordet och sprider en härlig doft. Var och en lägger sedan på romrussinglassen efter behag.

Till 4 personer:
1 dl gula russin
2–3 msk rom
5 dl vaniljglass
2–3 äpplen
1 msk smör
1 msk ljus sirap eller ljust muskovadosocker
50 g rostade mandelspån

Gör så här»

1. Hacka russinen och häll över rom. Låt stå 20 minuter eller längre.

2. Blanda russin med vaniljglass och ställ in i frys.

3. Kärna ur och klyfta äpplena. Stek dem hastigt i smör strax före servering. Häll över sirap eller socker mot slutet.

4. Lägg klyftorna i små glasburkar eller andra portionsformar. Lägg på en kula romrussinglass och strö över mandelspån. «

Parmesanpanerad gös
med vermouthsås

Den spröda, knapriga fisken med det smakrika fräset får sällskap av en sås gjord på den friska och lite kryddiga franska vermouthen Noilly Prat. Små broccolibuketter serveras till. Gösfiléerna blir saftiga och får ett knaprigt yttre när de paneras i parmesanost och steks i smör. Knaperstekt parmaskinka strös över vid serveringen.

Till 4 personer:
75 g parmaskinka
600 g gösfilé
1 tsk salt
1 krm nymald svartpeppar
1 ägg
1 dl parmesanost
½ dl ströbröd
2 msk smör
Tomatfräs:
4 tomater
1 knippa salladslök
20 svarta oliver utan kärnor (kalamata)
1 msk olivolja
½ tsk salt
½ dl basilikablad
Vermouthsås:
2 ½ dl hönsbuljong (tärning + vatten)
1 dl mellangrädde
½ dl Noilly Prat (vermouth)
1 ½ msk Maizena majsstärkelse
2 krm salt
1 krm tabasco

Gör så här»

1. Skär skinkan i tunna strimlor. Stek dem riktigt knapriga utan extra fett i en het stekpanna. Ta upp skinkan och låt kallna.

2. **Tomatfräs:** Tärna tomaterna. Ansa och strimla salladslöken. Skiva oliverna. Fräs tomater, lök och oliver i oljan ca 3 minuter. Krydda med salt och blanda i basilikabladen.

3. **Sås:** Koka buljong, grädde och vin ca 5 minuter. Rör ut majsstärkelsen i lite kallt vatten och häll redningen i såsen. Låt koka upp och smaka av med salt och tabasco.

4. Krydda fisken med salt och peppar. Vispa upp ägget och blanda ost och ströbröd. Vänd fisken först i ägg och sedan i ostblandningen. Stek fisken i smöret ca 2 minuter per sida, beroende på tjocklek.

5. Servera med tomatfräs, sås, pressad potatis och broccoli. Strö över skinkstrimlorna. «

Att dricka till

Ett generöst vitt vin med tropisk frukt och lätt ekfatskrydda passar här. Chardonnay från Nya världen till exempel.

Äppelkompott med limoncello

Äpplena får en lätt citronsmak av limoncello, som kan bytas ut mot citron och lite vatten.

Till 4 personer:
4 äpplen
¾ dl limoncello, citronlikör
2 msk strösocker
1 ½ dl mellangrädde
12 cantuccini (italienska mandelskorpor)

Gör så här»

Kärna ur äpplena och skär dem i ca 1 x 1 cm stora tärningar. Koka dem med limoncello och socker utan lock ca 5 minuter. Låt kallna. Vispa grädden till ett fast skum. Krossa skorporna. Varva äppelkompott, grädde och skorpor i glas eller skålar. «

Svamptoast

Godast är karljohanssvamp, men kantareller är inte helt fel det heller. Torkad svamp måste blötläggas först ca 30 minuter i ljummet vatten.

Till 4 personer:
4 skivor kantskuret ljust surdegsbröd
2 msk smör
250 g svamp
2 msk smör
1 tsk salt
½ finhackad rödlök
4 msk forellrom
1 krm svartpeppar

Gör så här»

1. Stek brödskivorna gyllenbruna på båda sidor i en stekpanna med smör.

2. Hacka svampen och stek den i smör på medelvärme ca 5 minuter. Salta och fördela på de stekta brödskivorna. Toppa med forellrom, finhackad rödlök och nymald svartpeppar. «

Pancettalindad sej

med jordärtskockspuré

Låt en skandinavisk sej möta Medelhavet med milda och varma smaker. Starta middagen med en svamptoast toppad med forellrom och fortsätt med pancettalindad sej serverad med ugnsbakade tomater och jordärtskockspuré kryddad med några stänk tryffelolja. Inga stora gester – bara läckert och lättlagat.

Till 4 personer:
ca 700 g sejrygg
1 tsk flingsalt
ca 8 färska salviablad
175 g pancetta i tunna skivor

Ugnstomater:
500 g cocktailtomater
1 msk olivolja
3 finhackade schalottenlökar
2 tsk flingsalt
1 msk finhackad färsk timjan
4 tsk balsamvinäger
1 tsk rörsocker
1 dl svarta urkärnade oliver

Jordärtskockspuré:
500 g jordärtskockor
4 msk vispgrädde
2 krm tryffelolja
¾ tsk salt

Gör så här»

1. **Ugnstomater:** Sätt ugnen på 150°. Halvera tomaterna och blanda dem med olivolja i en ugnssäker form. Strö på finhackad schalottenlök, salt, timjan, vinäger och socker. Ställ dem i ugnen ca 1 timme. Häll upp dem i en skål och blanda med halverade oliver.

2. **Jordärtskockspuré:** Skala skockorna och koka dem i lättsaltat vatten tills de är mjuka, ca 15 minuter. Häll av kokvattnet och låt dem ånga av ca 2 minuter. Kör dem med mixerstav tillsammans med grädden till en slät puré. Smaka av med tryffelolja och salt.

3. Skär sejfilén i portionsstora bitar. Salta och lägg 2 salviablad på varje bit. Linda in i 2–3 skivor pancetta och lägg bitarna i en smord ugnssäker form.

4. När tomaterna är färdiga, öka ugnsvärmen till 225°. Sätt in de förberedda fiskbitarna i mitten av ugnen ca 10 minuter.

5. Lägg upp tomater och jordärtskockspuré på varma tallrikar. Lägg på de stekta fiskbitarna och garnera med timjan eller salvia. «

Att dricka till

Servera ett vitt, ganska fylligt vin med god fruktighet, gärna fatlagrat. En vit bourgogne från Frankrike är ett bra val, liksom chardonnay från Nya världen.

Varm tedrink

Drinken kan varieras med olika sorters te och eventuellt spritsort.

Till 4 personer:
2 msk rom
2 tsk honung
2 kvistar mynta
1 liten citronklyfta
1 ½ dl bryggt Earl Grey-te

Gör så här>>

Blanda rom, honung, mynta och citronklyftan i ett glas. Pressa ingredienserna med baksidan av en sked. Häll på varmt te och servera. <<

Att dricka till

Smakrikt och fylligt vitt vin med rik frukt. Vin av druvan marsanne från Australien eller södra Frankrike eller chardonnay från hela vinvärlden.

Frasig fisk
med mandelpotatismos

Stekt rökt fläsk och lingon i potatismoset är välkända och trygga smaker, men de känns nya i kombination med frasig fisk. Det mjuka mandelpotatismoset är toppat med lite vispad grädde och bottnat med lingon, persilja och lite rökt fläsk att bryta med. Serveras till panerad fiskfilé av till exempel gös. Moset kan förberedas och gratineras inför servering. Är det kylskåpskallt tar det något längre tid. Moset kan också göras i en stor form.

Till 4 personer:

Potatismos:
1 kilo mandelpotatis
1 liten gul lök
150 g rökt fläsk
4 msk lingon
2 msk hackad persilja
50 g mjukt smör
1 msk rivet citronskal
2 msk pressad citron
3–4 dl varm mjölk
¾–1 tsk salt
2 krm nymald svartpeppar
1 dl vispgrädde
1 krm salt

Panerad fisk:
500 g fiskfilé, t ex gös
1 tsk salt
2 krm nymald svartpeppar
1 dl vetemjöl
1 ägg
1 dl ströbröd
3 msk smör

Tillbehör:
25 g smält smör
lingon
dillvippor och persiljeblad som sallad

Gör så här»

1. Skala och koka potatisen mjuk i lättsaltat vatten. Skala och hacka under tiden löken och tärna fläsket. Bryn lök och fläsk i en stekpanna tills det får färg och löken blir mjuk.

2. Fördela lök och fläsk i fyra ugnssäkra portionsformar eller en stor. Lägg i lingon och hackad persilja.

3. Häll av potatisvattnet och låt potatisen ånga av. Pressa den ner i en bunke och tillsätt smör, citronskal och citronsaft, mjölk, salt och peppar. Moset ska vara ganska löst i konsistensen.

4. Fördela moset i formarna. Hit kan förberedas.

5. Sätt ugnen på 225°. Vispa grädden fluffig, tillsätt 1 krm salt och fördela grädden över moset. Gratinera mitt i ugnen ca 20 minuter, tills grädden fått färg och moset blivit varmt.

6. Dela fiskfilén i portionsbitar, salta och peppra. Häll upp mjöl och ströbröd på var sin tallrik. Vispa upp ägget på en tredje. Doppa filéerna först i vetemjöl, så i uppvispat ägg och sist i ströbröd. Stek fisken på medelstark värme 2–3 minuter på varje sida tills paneringen fått färg.

7. Servera fisken genast med det gratinerade moset, smält smör, lingon samt dill- och persiljesallad. «

Förrättssallad med bresaola och krisp

Bresaola är ett italienskt saltat och kryddat nötkött som sedan torkas.

Till 4 personer:
1 påse blandad sallad (150 g)
1 paket tunt skivad bresaola (70 g) eller lufttorkad skinka
Dressing:
2 msk olivolja
1 msk vitvinsvinäger
1 tsk dijonsenap
½ krm svartpeppar
Krisp:
1 dl rivet dagsgammalt bröd
½ dl solroskärnor
1 msk olivolja

Gör så här»

1. Skölj salladen och låt den rinna av ordentligt. Blanda samman samtliga ingredienser till dressingen. Blanda salladsbladen med dressingen och fördela på tallrikar. Lägg på luftiga skivar av bresaola.

2. Blanda brödet och blanda det med solroskärnor och olivolja i en skål. Värm upp en torr stekpanna på medelvärme eller strax under medelvärme. Stek smulblandningen tills brödsmulorna får lite färg och blir krispiga. Strö krispet över salladen. «

Att dricka till

Här blir det festligt med en smakrik champagne eller en cava, mousserande vin från Spanien.

Hummer

pot au feu

Hummer är en storstilad festrätt och kanske mer lördagsfest än fredag. Förbered gärna festmiddagen genom att skala humrarna och koka fonden. Till den här rätten passar frysta humrar. Skala dem först och koka en buljong på skalen.

Duka vackert kan du också göra i god tid. Salladen kan stå färdig på bordet när gästerna ska sätta sig.

Till 4 personer:
4 humrar (à 450 g)

Fond:
skal från humrarna
2 msk rapsolja
1 finhackad gul lök
1 påse saffran (0,5 g)
1 liter vatten
4 dl torrt vitt vin
2 msk tomatpuré
ev 2 msk färdig hummerfond
ev salt

Pot au feu:
1–2 färsk fänkål
1 purjolök
1 ½ dl risoni (små pastagryn)
kött från humrarna

Aioli:
1 dl crème fraiche
2 msk majonnäs
½ röd färsk spansk pepparfrukt, finhackad
1 pressad vitlöksklyfta

Gör så här>>

1. Tina och skala humrarna och ta ut stjärtarna hela. Dra bort den mörka strängen i stjärten. Gröp ut köttet ur kloarmarna och försök få ut köttet helt ur själva klorna.

2. Hetta upp olja i en stor kastrull och fräs hummerskalen under omrörning på hög värme ca 5 minuter. Låt lök och saffran fräsa med ca 1 minut och tillsätt vatten, vin och tomatpuré. Låt koka utan lock ca 15 minuter.

3. Sila bort skalen genom ett durkslag och sila buljongen en gång till genom en mycket finmaskig sil eller genom en dubbel silduk. Koka upp buljongen och koka utan lock tills ca 12 dl återstår. Smaka av med extra hummerfond och salt om det behövs.

4. **Aioli:** Blanda samman crème fraiche, majonnäs, pepparfrukt och vitlök. Låt stå svalt.

5. Ansa och skär fänkålen i tunna skivor. Ansa och strimla purjolöken. Lägg risonin i hummerbuljongen och låt koka 5 minuter. Tillsätt fänkål och koka ytterligare 3 minuter. Blanda sedan i purjolök och koka ca 2 minuter.

6. Fördela hummerköttet i varma djupa tallrikar. Häll på den heta buljongen och servera med aioli. <<

Tonfisk- och laxpizza
med wasabicrème

En vågad kombination av Italien och Japan med pizzabotten, wasabicrème och rå, tunt skuren tonfisk och lax. En sushipizza kan den kanske kallas. På toppen en sallad med morot, rättika och gräslök och en mild dressing med lite sesamolja som smaksättare. Fisken, som äts rå, bör ha varit fryst, och det gör inget om den inte hinner tina helt när den ska skäras. Den går lättare att skära i tunna fina skivor när den bara är halvtinad.

Till 4 personer:

Pizzadeg:
25 g jäst
2 ½ dl ljummet vatten
2 msk olivolja
½ tsk salt
6–7 dl vetemjöl

Wasabicrème:
2 dl crème fraiche
1 ½ tsk wasabipasta

Sallad:
200 g morot
200 g rättika
½ dl finhackad gräslök
1 msk rapsolja
½ msk risvinäger
2 krm salt
2 krm sesamolja
2 msk finstrimlad thaibasilika

Fisk:
250 g gulfenad tonfisk
250 g laxfilé

Tillbehör:
inlagd ingefära (gari)

Gör så här »

1. Rör ut jästen i ljummet vatten i en skål. Blanda ner olivolja och salt och arbeta ner mjöl lite i taget tills degen är smidig och släpper skålens kanter. Täck med bakduk och ställ den att jäsa ca 30 minuter.

2. Rör samman crème fraiche och wasabi och ställ åt sidan. Skala morot och rättika och skär i fina tändsticksstora stavar. Blanda dem i en skål med finhackad eller klippt gräslök. Blanda ner olja, vinäger, salt och sesamolja. Thaibasilikan blandas i strax före servering, så vänta med den.

3. Skär tonfisk och lax i tunna skivor. Sätt ugnen på 250° och ställ samtidigt in en plåt så den blir varm. Ta upp degen på en mjölad arbetsyta och dela den i fyra delar. Kavla ut varje del till en rundel. Lägg dem två och två på ett bakplåtspapper. Grädda två pizzabottnar i taget genom att ta ut den heta plåten ur ugnen och lyfta över hela papperet med pizzabottnarna på till den heta plåten. Grädda mitt i ugnen ca 7 minuter, tills de fått färg.

4. Bred wasabicrème på de varma pizzabottnarna. Lägg på skivor av lax och tonfisk. Toppa med sallad, thaibasilika och gari. «

Att dricka till

Prova ett friskt vitt vin av druvan riesling. Ett ljust lageröl med mild beska är ett annat alternativ.

Ananas med kokossås

Gör i ordning spett med färsk ananas som steks i grillpanna strax före servering. En snabbgjord kokossås är god till.

Till 4 personer:
1 färsk ananas
1 dl strösocker
1 ½ dl vispgrädde
½ dl Malibu kokosrom
½ dl kokosflingor

Gör så här»

1. Ansa och skär bort det yttre fnasiga skalet på ananasen. Dela den på längden i kvartar. Skär bort den hårda delen av mittstocken på varje del. Stick ett spett genom varje del på längden.

2. Koka samman socker, grädde och rom tills 1 ½ dl återstår. Häll upp i en skål och låt den svalna.

3. Hetta upp en grillpanna med lite rapsolja. Grilla ananasspetten ca 2 minuter på varje sida Servera dem varma med kokossås och riven kokos. «

Vegetariskt

Färgglada och välformade grönsaker och frukter är mer än vackra blickfång i en skål i köket eller i ett hörn på tallriken bredvid kött eller fisk. Allt fler väljer vegetariskt, och det är synd att bara ge goda vegetariska rätter en undanskymd plats på gourmettallrikarna. Att skapa helt vegetariskt är en utmaning när man för det mesta är van att använda grönsaker, svamp och gryn som tillbehör. Men nu är det dags att lyfta fram statisterna och i stället låta dem spela huvudrollen.

Välj grönsakerna med omsorg, och tänk på vilken säsong det är. Visserligen finns det till exempel tomater året om, men de är faktiskt allra godast under sommarhalvåret när de fått mogna i sol och inte i kylrum efter en lång transport. Närodlade grönsaker är också att föredra, för både smakens och miljöns skull.

Så låt det gröna stiga upp på scenen och låt dina gäster upptäcka vilken talang de nya huvudrollsinnehavarna har!

Ångade grönsaker

med krispiga nudlar och sötsur sås

Att fritera risnudlar är roligt, och fort går det också. Oljan behöver rätt temperatur, så använd en termometer. För att den här middagen ska gå smidigt är det bäst att inleda med att fritera nudlarna. Den som inte vill fritera kan givetvis servera vanliga kokta nudlar till, men det är förstås inte lika spektakulärt. Till grönsakerna behövs en kastrull med ånginsats, eller så kan du använda en wok med en bambukorg avsedd för ångning.

Till 4 personer:
200 g tunna risnudlar
ca 1 ½ dl rapsolja

Sås:
3 msk rörsocker
1 ½ dl vatten
2 msk pressad lime
rivet skal av 1 lime
½ msk riven ingefära
½ finhackad chili, spansk peppar
2 krm sesamolja
2 krm salt
1 tsk potatismjöl

Grönsaker:
400 g paksoi
100 g salladslök
200 g morot
250 g ostronskivling
1 msk rapsolja
½ tsk salt

Gör så här>>

1. Hetta upp oljan till 180° i en mindre kastrull med höga kanter. Sära nudlarna om de ligger tätt packade och lägg i en handfull åt gången i den heta oljan. De blir omedelbart vita och knorviga och kan lyftas upp med gaffel eller matlagningspincett i metall. Lägg på papper eller tätt galler för att rinna av.

2. Lägg sockret i en tjockbottnad kastrull och värm tills det börjar smälta. Tillsätt vatten, lime, limeskal, ingefära och chili och låt såsen koka på medelvärme ca 5 minuter. Smaka av med sesamolja och salt. Rör ut majsstärkelsen i lite kallt vatten och vispa ner det i såsen. Låt det koka upp så såsen tjocknar. Ställ såsen åt sidan. Den går att värma strax före servering.

3. Skölj, ansa och skär paksoi i bitar på längden, salladslök hela eller halverade om de är större och morot i sneda slantar.

4. Häll vatten i kastrullen så pass mycket att det precis går upp till ånginsatsen när den läggs i. Lägg i morötterna först och ånga dem med locket på ca 5 minuter. Lägg därefter i paksoi och salladslök och ånga ytterligare ca 5 minuter.

5. Skär ostronskivlingarna i skivor. Ostronskivling växer som i en klump, så det är klumpen som skärs i ca ½ cm tjocka skivor. Hetta upp olja i en stekpanna och stek svampskivorna ca 2 minuter på varje sida till en gyllenbrun färg. Salta.

6. Lägg upp de varma grönsakerna på varma tallrikar. Därefter stekt svamp och friterade nudlar. Ringla sås lite över och runtom. «

Att dricka till

Ett ljust, friskt lageröl med mild beska blir ett bra komplement till den sötsura såsen.

Gul fruktsallad

Saffran, vanilj och chili ger smak och färg åt fruktsalladen. Sötman gör att chilins hetta mattas av.

Till 4 personer:
1 dl rörsocker
1 dl vatten
½ vaniljstång
½ pkt saffran (0,25 g)
½-1 finhackad chili, spansk peppar
1 mango
1 ask physalis
½ ananas
2 apelsiner

Gör så här»

1. Blanda socker och vatten i en kastrull. Klipp eller skär itu vaniljstången på längden och lägg i den samt saffran och finhackad chili. Koka upp och låt lagen sjuda ca 5 minuter. Låt den kallna.

2. Skala och skär frukterna i fina bitar. Blanda ner dem och låt helst fruktsalladen stå någon timme före servering. «

Röda bär under pistaschtäcke

Pistaschnötterna kan bytas ut mot skållad sötmandel.

Till 4 personer:
1 liter blandade hallon och jordgubbar
1 ½ dl strösocker
2 dl skalade osaltade pistaschnötter (ca 125 g)
1 ½ dl vetemjöl
100 g kylskåpskallt smör
Till servering:
vaniljglass

Gör så här>>

1. Sätt ugnen på 250°. Skölj och ansa bären, halvera jordgubbarna och lägg bären i en ugnssäker form eller fyra ugnssäkra portionsskålar. Strö över hälften av sockret.

2. Hacka nötterna i en matberedare. Tillsätt mjöl och resten av sockret. Strö blandningen över bären. Hyvla över smöret med en osthyvel.

3. Grädda i nedre delen av ugnen ca 20 minuter.

4. Servera bären lätt avsvalnade med glass. <<

Rostad potatispuré
med bönpytt och chèvreskum

Sunt och gott vill vi gärna kombinera. I denna vegetariska rätt går det som en dans, med många smaker som tillåts träda fram.

Till 4 personer:
800 g färskpotatis
1 msk olivolja
1 ½ tsk salt
2 msk smör

Bönpytt:
1 gul lök
2 vitlöksklyftor
1 squash (ca 300 g)
1 msk olivolja
1 burk cannellinibönor (400 g)
300 g körsbärstomater, gärna i olika färger
¾ tsk salt
2 krm nymald svartpeppar

Kantareller:
300 g kantareller
1 msk smör
½ tsk salt

Chèvreskum:
1 ½ dl grönsaksbuljong (tärning + vatten)
½ dl mjölk, helst lättmjölk
100 g chèvre utan kant
1 krm salt
2 tsk Maizena majsstärkelse

Garnering:
3 msk hackad gräslök

Gör så här»

1. Sätt ugnen på 250°. Skrubba potatisen. Lägg den på en plåt och ringla över olja. Strö på salt och rosta mitt i ugnen ca 25 minuter, tills potatisen är mjuk.

2. **Bönpytt:** Skala och finhacka lök och vitlök, spara lite lök till kantarellerna. Ansa och skär squashen i små tärningar. Fräs lök, vitlök och squash i olja ca 5 minuter. Spola bönorna i kallt vatten och låt rinna av. Halvera eller skär tomaterna i klyftor. Vänd ner bönor och tomater i pannan. Krydda med salt och peppar.

3. Ansa kantarellerna. Fräs dem med lök i smöret 3–4 minuter. Krydda med salt.

4. **Chèvreskum:** Koka upp buljong och mjölk. Tillsätt chèvren. Mixa slätt med mixerstav och smaka av med salt. Rör ut majsstärkelsen i lite kallt vatten. Blanda i såsen och låt koka upp.

5. Ta undan fyra potatisar. Mosa resten med elvisp. Bryn smöret och blanda med potatisen.

6. Fördela potatisen på tallrikar. Halvera de sparade potatisarna och garnera med dem. Lägg upp pytten och toppa med kantareller. Mixa chèvreskummet med mixerstav tills det är riktigt skummigt. Skeda upp skummet på tallrikarna och strö över gräslök. Servera genast. «

Att dricka till

Ett friskt vitt vin med generös fruktighet. Gärna av druvan pinot gris från Alsace i Frankrike eller chardonnay utan fatlagring.

Vinbärsdrink med ostkex

Svartvinbärsdoftande aperitif och milda ostkex inleder middagen.

Till 4 personer:
20 cl Crème de Cassis (svartvinbärslikör)
20 cl Noilly Prat (vermouth)
isbitar

Kex:
50 g roquefordost eller annan grönmögelost
½ dl crème fraiche
½ tsk pressad citron
½ krm salt
½ krm nymald svartpeppar
12 små runda salta kex
12 valnötskärnor

Gör så här»

1. Mosa osten med en gaffel. Vispa crème fraichen fast med elvisp. Blanda i osten och smaka av med citronsaft, salt och peppar. Klicka krämen på osten och garnera med valnötskärnor.

2. Blanda likör och vermouth. Lägg rikligt med is i glas och häll på drinken. Servera med kexen. «

Sydfransk potatissoppa

med grönsaksspett och dragonaioli

Fulländade smaker med fransk accent finns i den här menyn, som inleds med en liten aperitif och ostkex med valnötter. Den goda soppan med potatis och purjolök kröns med grillade grönsaker och en dragondoftande aioli. Mais oui!!

Till 4 personer:
2–3 potatisar (250 g)
1 gul lök
2 vitlöksklyftor
1 purjolök
2 fänkål (400 g)
2 msk olivolja
1 paket saffran (0,5 g)
1 liter vatten
2 dl torrt vitt vin
2 grönsaksbuljongtärningar
1 tsk salt
1 krm cayennepeppar

Spett:
½ squash (à ca 250 g)
1 burk kronärtskockshjärtan (400 g)
12 körsbärstomater
12 svarta oliver utan kärnor
1 msk olivolja
1 tsk flingsalt

Aioli:
1 liten vitlöksklyfta
1 äggula
½ msk vitvinsvinäger
1 dl rapsolja
2 msk olivolja
½ msk hackad dragon
2 krm salt

Tillbehör:
baguette

Gör så här>>

1. Skala och skär potatisen i bitar. Skala och grovhacka lök och vitlök. Ansa och skär purjolök och fänkål i bitar.

2. Fräs potatis, lök och fänkål i oljan i en gryta ca 5 minuter. Tillsätt saffran. Häll på vatten och vin och tillsätt buljongtärningarna. Låt koka under lock ca 15 minuter. Mixa soppan slät med mixerstav och smaka av med salt och peppar.

3. Ansa och skär squashen i mindre bitar. Låt kronärtskockorna rinna av och skär dem i halvor. Varva squash, kronärtskockor, tomater och oliver på fyra små grillspett. Pensla grönsakerna med olja och strö över salt.

4. **Aioli:** Skala och pressa vitlöken. Blanda vitlök, äggula och vinäger. Tillsätt oljan, först droppvis och sedan i en fin stråle under vispning. Blanda i dragon och smaka av med salt.

5. Grilla spetten i grillpanna eller i ugn runt om ca 5 minuter. Häll upp soppan i skålar och lägg ett spett tvärsöver. Servera med dragonaioli. <<

Att dricka till

Prova ett fylligt och smakrikt vitt vin med lätt fatlagring, gärna från södra Frankrike.

Grön

Caesarsallad

Den välkända och populära caesarsalladen ser vi ofta i gourmetsammanhang och då ofta tillsammans med grillad kyckling eller skaldjur. Den här är helt vegetarisk och utbyggd med lite extra godsaker som avokado och kronärtskockshjärtan. Dressingen som i ursprunget innehåller sardeller får nu sin sälta från saltade kapris.

Till 4 personer:

2 romansalladshuvuden
2 mogna avokador
1 burk kronärtskockshjärtan
1 ask körsbärstomater
2 dl grovriven parmesanost

Krutonger:

1 minibaguette
1 msk olivolja
1 tsk flingsalt

Dressing:

1 msk kapris i havssalt
1 ägg
1 msk dijonsenap
1 vitlöksklyfta
1 dl olivolja
1 dl finriven parmesanost
1 msk vatten
½ krm cayennepeppar

Gör så här»

1. **Krutonger:** Sätt ugnen på 250°. Skär baguetten i riktigt tunna skivor, gärna med skärmaskin. Lägg brödskivorna på en plåt med bakplåtspapper. Pensla dem med olivolja och strö över salt. Rosta bröden mitt i ugnen ca 3 minuter på varje sida.

2. **Dressing:** Lägg kapris, ägg, senap och skalad vitlöksklyfta i en smal kanna. Tillsätt olja och ost. Mixa med mixerstav till en slät dressing. Späd dressingen med vattnet och krydda med peppar.

3. Riv salladen i mindre bitar. Skala, kärna ur och skär avokadon i mindre bitar. Låt kronärtskockshjärtana rinna av och skär dem i fjärdedelar. Blanda salladen med dressingen och vänd i avokado, kronärtskockshjärtan, tomater och ost. Stick i krutongerna och servera salladen genast. «

Att dricka till

Här passar ett glas svalt rosévin. Torrt och fruktigt med frisk syra, gärna från Spanien.

Godisglass

Snabbt och enkelt gör du din egen godisglass. Hallon är gott till, men färska jordgubbar passar också.

Till 4 personer:
¾ liter vaniljglass
50 g mörk choklad (70 %)
50 g valnötter
1 dl riven kokos
2 msk florsocker
20 minimarshmallows
Tillbehör:
200 g färska eller frysta hallon

Gör så här»

1. Smält chokladen i mikrovågsugn eller över vattenbad. Grovhacka valnötterna. Rosta valnötter och kokos i en torr, het stekpanna tills de fått fin färg. Blanda ner nötter, kokos och florsocker i chokladen och klicka ut den på en plåt. Låt kallna.

2. Rör glassen smidig med elvisp. Blanda i nötter, kokos och marshmallows. Ställ glassen i frysen fram till servering.

3. Skopa upp glassen i glas och servera med hallon. «

Rödbetsentré med grapefrukt

Rödbetor kokas oskalade i lättsaltat vatten, ca 40 minuter för stora vinterrödbetor och 20 minuter för små sommarbetor, tills de är mjuka. Spola dem i kallt vatten och gnid av skalet.

Till 4 personer:
2 kokta rödbetor, ca 200 g
2 blodgrapefrukter
2 avokador
ca 80 g mâchesallad
Dressing:
3 msk persikobalsamico
2 msk lönnsirap
2 msk olivolja
2 krm salt
2 krm svartpeppar
1 schalottenlök, finhackad

Gör så här>>

1. Skala och skär de kokta rödbetorna i tändsticksstora stavar. Skär av skalet på grapefrukten och skär ut hinnfria klyftor med en vass kniv. Blanda klyftorna med rödbetsstavarna i en skål.

2. Dela avokadon och ta bort kärnan. Gröp ut stora bitar med en sked och stapla dem lite artistiskt på fyra assietter. Fördela rödbetsblandningen bredvid och sköljd och avrunnen sallad ovanpå och runt om.

3. Blanda samman alla ingredienser till dressingen och skeda över. <<

Att dricka till

Generöst rött vin från Italien; gärna montepulciano-viner med okomplicerad, bärig karaktär med frisk fruktsyra.

Grönsakspizza
med pesto

Pizza är lätt att få riktigt gott. Den här vegetariska grundas med en hemmagjord pesto som ger karaktär och smak. Peston kan, om man vill, göras en dag i förväg, och även de kokta rödbetorna till förrätten är bra att ha förberett.

När man gör pizza blir de bäst om de ogräddade pizzorna läggs på en riktigt het plåt. Ett tips är att kavla ut pizzabottnarna på bakplåtspapper, lägga på fyllningen och sedan hasa över hela papperet med pizzan på till den heta plåten och därefter grädda den i ugnen.

Till 4 personer:

Pizzabotten:
25 g jäst
3 dl vatten
½ tsk salt
2 msk olivolja
ca 7 dl vetemjöl, 360 g

Pesto:
1 kruka basilika
25 g riven pecorinoost
3 msk pinjenötter
2 pressade vitlöksklyftor
2 krm salt
1 dl olivolja

Fyllning:
300 g aubergine
¾ tsk salt
2 strimlade rödlökar
2 msk olivolja
1 burk kronärtskockshjärtan, 390 g
60 g pecorino, grovriven
1 finhackad chili, spansk peppar
250 g mozzarella
ca 50 g rucola

Gör så här»

1. Finfördela jästen i en bunke och rör ut den i ljummet vatten. Blanda ner salt, olivolja och mjölet lite i taget till en smidig och mjuk deg. Täck med bakduk och låt degen jäsa ca 30 minuter.

2. Peston görs lättast med stavmixer i en smal skål eller kanna. Blanda grovhackad basilika, ost, pinjenötter och vitlök i skålen eller kannan. Kör med mixern och tillsätt oljan lite i taget till en jämn smet. Smaka av med salt. Låt den stå övertäckt och svalt tills den ska användas.

3. Sätt ugnen på 250°. Skiva auberginen och strö skivorna med salt. Lägg dem i ett durkslag så vattnet rinner av. Strimla rödlökarna, låt kronärtskockshjärtana rinna av och dela dem i kvartar, riv osten och hacka chilin.

4. Ta upp den jästa degen på en mjölad arbetsyta. Nu kommer ett val: Gör antingen fyra individuella pizzor som gräddas två och två, eller baka ut en enda stor som täcker en plåt och skär ut portionsbitar efter gräddning. Kavla jämnt och tunt. Vilket som än sker, lägg pizzabottnen på en plåt med bakplåtspapper, eller bara på bakplåtspapperet och låt plåten hettas upp i ugnen. Bred pesto i ett jämnt lager på de utkavlade bottnarna.

5. Pressa ut vattnet ur auberginеskivorna och stek dem ca 1 minut på varje sida i en het stekpanna med olja. Fördela de stekta skivorna på pizzabottnarna. Stek även rödlöken hastigt så den mjuknar något. Fördela den på pizzorna. Lägg på kronärtskockshjärtan, pecorino, chili och sist tärnad mozzarella.

6. Grädda pizzorna mitt i ugnen ca 20 minuter. Strö över rucola vid servering. «

Svampcannelloni

med örtsallad

Ta de godaste svampar skogen har att erbjuda och blanda till en krämig svampstuvning som blir fyllning i fina pastarör, så kallad cannelloni. Hela härligheten läggs i en form, täcks med ostsås och gratineras. Vardagligt enkelt men festligt gott.

Till 4 personer:

24 cannellonirör (ca 250 g)
300 g blandad svamp, t ex karljohan, kantareller, skogschampinjoner
1 gul lök
2 vitlöksklyftor
1 msk smör
½ dl torrt vitt vin
1 msk kinesisk soja
1 tsk salt
2 krm nymald svartpeppar
1 burk ricottaost (250 g)
1 dl crème fraiche
1 dl hackad persilja
1 ask körsbärstomater (250 g)

Sås:

½ dl vetemjöl
6 dl mjölk
1 dl crème fraiche
1 dl torrt vitt vin
1 tsk salt
1 krm nymald svartpeppar
2 dl riven parmesanost

Sallad:

1 kruka basilika
1 kruka körvel
1 ask blandade salladsskott
2 msk olivolja
½ msk rödvinsvinäger
1 tsk flingsalt

Gör så här>>

1. Sätt ugnen på 200°. Ansa och skär svampen i små bitar. Skala och finhacka lök och vitlök.

2. Fräs svampen utan smör i en torr het stekpanna tills det mesta av vätskan kokat in. Tillsätt lök, vitlök och smör och låt fräsa ca 5 minuter. Häll på vinet och tillsätt soja, salt och peppar. Låt puttra utan lock ca 5 minuter. Låt svalna.

3. Blanda svampen med ricottaost, crème fraiche och persilja. Fyll röran i en spritspåse utan tyll. Spritsa röran i cannellonirören och lägg dem i en smord ugnssäker form. Strö över tomaterna.

4. Rör ut mjölet i lite av mjölken i en kastrull. Tillsätt resten av mjölken, crème fraiche, vin och salt. Låt koka under omrörning ca 3 minuter. Häll såsen över cannellonirören och strö på osten. Tillaga mitt i ugnen ca 30 minuter.

5. Repa bladen från basilika och körvel. Blanda örterna med salladsskotten. Vispa samman olja, vinäger och salt. Vänd ner dressingen i salladen.

6. Servera cannellonin med örtsalladen. <<

Att dricka till

Här passar ett rött, friskt vin med inte alltför markerad garvsyra. Exempelvis körsbärsfriska italienska viner av druvan sangiovese eller barbera.

Kaffedrink

En kaffedrink i samma anda som välkända Irish Coffee fast med en mjukare smak. Serveras gärna med en bit mörk choklad.

Till 4 personer:
1 dl vispgrädde
8 cl Kahlua
8 cl konjak
6 dl nybryggt kaffe
Tillbehör:
kakao

Gör så här>>

1. Vispa grädden till fast skum.

2. Blanda Kahlua och konjak i fyra värmetåliga glas. Häll över kaffet och toppa med vispad grädde. Pudra över kakao och servera, gärna med en bit mörk choklad. «

Fetaostsufflé

med olivsalsa och krispig sallad

Våga imponera med fluffig fetaostsufflé serverad med olivsalsa och sallad. Sufflé är inte alls så svårt som många tror utan faktiskt en väldigt bra rätt till mindre middagsbjudningar. Sufflén kan göras i portionsformar men också i en stor form. Servera alltid sufflé så snart den gräddats färdigt i ugnen. Bär ut den i triumf till de väntande gästerna och lyssna till lovorden.

Till 4 personer:
200 g fetaost
3 salladslökar
25 g smör
3 msk vetemjöl
3 dl mjölk
½ tsk salt
1 krm nymald svartpeppar
4 ägg

Salsa:
15 gröna oliver
15 svarta urkärnade oliver
3 msk hackad oregano
½ dl olivolja
2 msk pressad citron
2 krm salt
1 krm strösocker
1 krm nymald svartpeppar

Sallad:
50 sötmandel
150 g färska sockerärter
1 knippa rädisor
2 msk olivolja
1 msk pressad citron
½ tsk salt
1 romansallad

Gör så här>>

1. **Salsa:** Hacka oliverna och blanda med oregano, olivolja, citron, salt och peppar.

2. Sätt ugnen på 200°. Riv fetaosten grovt på rivjärn. Ansa och finhacka salladslöken. Smält smöret i en kastrull. Tillsätt mjölet och späd med mjölken. Låt puttra under omrörning ca 5 minuter. Ta kastrullen åt sidan och låt svalna.

3. Dela äggen och rör ner äggulorna, en i taget, i kastrullen. Blanda i fetaost och lök och smaka av med salt och peppar. Vispa äggvitorna till riktigt fast skum. Vänd ner hälften av äggvitorna i smeten och sedan resten.

4. Fördela smeten i fyra smorda och bröade ugnssäkra formar som rymmer ca 2 dl. Grädda suffléerna i nedre delen av ugnen ca 30 minuter.

5. **Sallad:** Skålla, skala och strimla mandeln. Rosta den i torr het stekpanna tills den får fin färg. Ansa och strimla sockerärterna. Ansa och strimla rädisorna. Blanda sockerärter och rädisor med olja, citronsaft och salt. Riv salladen i mindre bitar och blanda med grönsaker och mandel.

6. Servera suffléerna genast med olivsalsa och sallad. <<

Att dricka till

Rött vin med generös fruktighet. Här passar vin av druvan merlot eller pinot noir från Nya världen.

Snabbakade chokladbakelser

Chokladbakelserna blir bäst i de lite större fastare muffinsformarna i papper. Servera med punschgrädde och färska jordgubbar.

Till 4 glas:
50 g smör
¾ dl strösocker
1 ägg
1 dl vetemjöl
2 msk kakao
1 krm bakpulver
½ krm salt
Fyllning:
1 dl vispgrädde
1 msk punsch
Garnering:
8 jordgubbar

Gör så här»

1. Sätt ugnen på 225°. Smält smöret. Ta kastrullen åt sidan och tillsätt övriga ingredienser. Rör till en jämn smet. Fördela smeten i fyra muffinsformar av papper ställda på en plåt.

2. Grädda mitt i ugnen ca 5 minuter. Låt kallna.

3. Vispa grädde och punsch till ett fast skum. Halvera jordgubbarna.

4. Spritsa eller klicka grädden på bakelserna och stick i jordgubbarna. Servera till en kopp espresso. «

Grillad polenta

med svamp och bakade tomater

Polenta ser vi oftast som tillbehör, men här får den spela huvudrollen tillsammans med parmesan och timjan och serveras grillad till stekt svamp och ugnsbakade tomater. Lite lagom rustikt utan de stora gesterna.

Till 4 personer:
12 dl vatten
2 grönsaksbuljongtärningar
3 dl polenta
1 msk hackad färsk timjan
2 vitlöksklyftor
½ tsk salt
2 krm svartpeppar
2 msk balsamvinäger

Svamp:
300 g svamp, t ex karljohan och skogschampinjoner
2 msk olivolja
4 schalottenlökar

Tomater:
300 g körsbärstomater på kvist
1 msk olivolja
2 tsk brun farin eller råsocker
2 krm salt

Gör så här»

1. Koka upp vatten och buljongtärningar. Blanda ner polentan och låt den sjuda under lock ca 5 minuter. Rör om då och då. När den tjocknat till en gröt, blanda ner riven parmesan. Bred ut gröten knappt 1 cm tjock på ett oljat bakplåtspapper i en form eller långpanna. Ställ det att stelna. Det tar ca 30 minuter men kan gå fortare om den står svalt.

2. Sätt ugnen på 225°. Lägg tomaterna med kvisten kvar i en ugnssäker form. Ringla över olja och strö på farin och salt. Stek dem i mitten av ugnen ca 10 minuter och ös dem med spadet som bildas några gånger under tiden.

3. Ansa svamparna och skär mindre svampar i kvartar och större i skivor. Hetta upp olja i en stekpanna och stek svamparna på strax över medelvärme ca 3 minuter. Skala och skär lökarna i klyftor och vitlöksklyftorna i tunna skivor. Blanda med svamparna i stekpannan och stek ytterligare ca 3 minuter. Krydda med salt och peppar och häll på balsamvinäger strax före servering.

4. Skär den stelnade polentan i trekantiga bitar. Hetta upp olja i en grillpanna och grilla bitarna på hög värme ca 2 minuter på varje sida. Lägg upp på varma tallrikar och fördela svampblandningen ovanpå. Toppa med en kvist bakade tomater. «

Att dricka till

Servera ett ganska kraftfullt rödvin, gärna från norra Italien. Barbera d´Asti är en vintyp som har både friskhet och kraft.

Aprikoskompott

Torkade aprikoser kokas snabbt ihop till en god kompott tillsammans med äpple och den vaniljdoftande likören Cuarenta y tres.

Till 4 personer:
200 g torkade aprikoser
1 äpple
3 dl vatten
2 dl Cuarenta y tres
1 kanelstång
½ dl råsocker
2 msk pressad citron
2 tsk Maizena majsstärkelse
Tilll servering:
1 dl mascarponeost
2 krm stötta kardemummakärnor

Gör så här»

1. Skär aprikoserna och äpplet i små tärningar. Lägg dem i en kastrull tillsammans med vatten, likör, kanelstång och socker. Låt alltsammans sjuda utan lock ca 10 minuter.

2. Smaka av med citronsaft. Rör ut majsstärkelsen i lite kallt vatten och vispa ner det. Koka upp så att kompotten tjocknar. Låt den svalna. Servera den med mascarpone blandad med kardemumma. «

Kött

Det är lätt att lyckas när man väljer kött till sin fredagsgourmet, och det är också inspirerande lätt att variera. Ibland behövs verkligen inga stora gester, utan man kan göra gästerna lyckliga med en grillad köttbit, ett gott kryddsmör, några färskpotatisar och en god sallad. Men här får du givetvis många fler recept än så.

Liksom med grönsakerna är det viktigt att söka efter god kvalitet, kanske beställa särskilda detaljer i en manuell disk eller hos en kötthandlare. Tänk gärna på att fett inte alltid är av ondo – snarare tvärtom. När du köper till exempel entrecôte, titta efter den tydliga fettbiten i mitten och att köttet är marmorerat med fina små fettslingor. Det är detta fett som gör köttet saftigt och smakrikt.

En annan viktig sak är temperaturen. Kött som ska stekas eller grillas bör vara mer eller mindre rumstempererat, så se till att ta fram köttbiten ur kylskåpet i god tid. En stek- eller grillpanna bör också vara riktigt het när man vill ha en fin stekyta. Skulle det hända att stekpannan fått för låg temperatur släpper köttet ifrån sig en massa vätska, och det blir snarare kokt än stekt. Skulle detta inträffa och du ser att det vätskar sig, ta snabbt upp köttet, skölj ur stekpannan och börja om från början men med mer hetta samt smör eller olja.

En köttermometer är alltid en god hjälp och trygghet för att få det perfekta resultatet. Hur man önskar sitt kött är högst individuellt, så fråga gärna dina gäster hur de vill ha det. Det är kul att vara proffsig.

Päronsallad med het dressing

Dressingen är pikant och görs enkelt av endast tre ingredienser.

Till 4 personer:
125 g blandad sallad
2 päron
50 g ädelost
30 g valnötter
Dressing:
2 msk rapsolja
1 msk grön tabasco
1 msk vispgrädde

Gör så här»

1. Blanda salladerna. Skala, klyfta och kärna ur päronen. Skär dem i tunna skivor och fördela över salladen tillsammans med smulad ädelost och valnötter.

2. Blanda olja och tabasco. Vispa i grädden och ringla dressingen över salladen. «

Att dricka till

Prova ett kraftfullt men elegant rödvin, gärna av druvan cabernet sauvignon med smak som påminner om svarta vinbär och örter.

Tournedos

med tre såser och fraspotatis

Tre små tournedos ackompanjeras här av tre lättlagade såser: en med svamp, en med rödvin och en snabb-bearnaise. Såserna kan förberedas, men potatisarna och oxfilén är godast nylagade.

Päronsalladen till förrätt är smaksatt med en dressing där den gröna tabascon bidrar med både sälta och syra och ger rätten en spännande smak.

Till 4 personer:
12 små bitar oxfilé (à ca 50 g)
2 msk smör
1 tsk salt
2 krm nymald svartpeppar

Snabb-bearnaise:
1 schalottenlök, finhackad
2 msk finhackad färsk dragon eller 2 tsk torkad
2 msk vitvinsvinäger
2 msk vatten
3 krm grovmald vitpeppar
½ tsk salt
2 dl crème fraiche

Svampsås:
100 g färsk svamp, gärna skogschampinjon
1 msk smör
½ gul lök i strimlor
1 dl vatten
1 msk konc kalvfond
1–2 msk torr vit vermouth
1 tsk Maizena majsstärkelse + vatten

Rödvinssås:
½ pkt bacon (à 140 g), i tunna strimlor
1 schalottenlök, finhackad
2 dl rött vin
1 msk konc kalvfond
1 tsk Maizena majsstärkelse + vatten
1 msk smör

Potatisstrimlor:
8 potatisar (ca 800 g)
3–5 dl rapsolja
½ tsk salt

Gör så här »

1. **Bearnaise:** Blanda lök, dragon, vinäger, vatten och peppar i en kastrull. Koka på svag värme tills vätskan nästan kokat in. Tillsätt salt och crème fraiche. Låt koka upp.

2. **Svampsås:** Skölj och skiva svampen. Hetta upp smöret i en stekpanna och stek lök och svamp tills de får färg. Tillsätt vatten, fond och vermouth. Red med majsstärkelse utrört i lite vatten. Låt sjuda 3 minuter.

3. **Rödvinssås:** Fräs bacon och lök i en liten stekpanna tills löken mjuknat. Tillsätt vin och fond, koka samman något och red med majsstärkelse utrört i lite vatten. Låt sjuda 3 minuter. Tillsätt smör vid servering.

4. Skala potatisen. Skiva den tunt med vass kniv eller mandolin, skär skivorna i tunna strimlor.

5. Hetta upp oljan till 180° i en djup stekpanna. Fritera lite strimlor åt gången tills de får fin färg. Låt dem rinna av på hushållspapper. Salta.

6. Är oxfilébitarna stora delar du dem på mitten och knyter ett snöre runt varje så att de blir runda. Hetta upp smöret i en stekpanna, salta och peppra och stek ca 2 minuter på varje sida.

7. Klipp bort snörena och lägg upp tre bitar på varje tallrik. Fördela de värmda såserna på dem. Servera med potatisstrimlor. «

Sallad med vinägerstekt fläsk och pocherat ägg

Salladen och äggen kan förberedas, men fläsket är godast nystekt.

Till 4 personer:
4 ägg
1 liter vatten
3 msk ättiksprit (12 %)
150 g rimmat sidfläsk
3 msk äppelcidervinäger
150 g blandad sallad, gärna jungfrusallad

Gör så här»

1. Koka upp vatten och ättika i en låg, vid panna. Knäck äggen, ett i taget, i en kopp. Låt äggen försiktigt glida ner i vattnet och sjud dem ca 2 minuter. Ta upp äggen med hålslev och låt dem rinna av på dubbelvikt hushållspapper.

2. Stek fläsket knaprigt utan extra matfett i en stekpanna. Häll på äppelcidervinäger och dra pannan åt sidan.

3. Fördela salladen på tallrikar och lägg på fläsk och ägg. Servera genast. «

Att dricka till

Ett smakrikt och fruktigt rödvin med kryddiga toner. Rhôneviner av druvan syrah är ett förslag, sydafrikanska viner av druvan pinotage är ett annat.

Reninnanlår

med äppel-och potatispuré

Renkött är en riktig delikatess som är mager, mör och rik på både mineraler och vitaminer. Eftersom renarna betar av fjällvärldens rika natur får köttet en särpräglad kryddning. Det ska därför kryddas försiktigt med bara salt och en aning peppar före tillagning. Medan köttet sakta steks i ugnen förbereds tillbehören. Har du två ugnar kan rotfrukterna stekas samtidigt.

Till 4 personer:
800 g reninnanlår
1 msk smör
1 tsk salt
1 krm nymald svartpeppar

Kumminrotfrukter:
2 morötter
1 palsternacka
1 bit rotselleri (ca 100 g)
12 smålökar, t ex pärllök
1 röd paprika
1 msk smör
2 tsk hel kummin
1 tsk salt

Sås:
3 msk strösocker
2 dl rödvin
½ dl äppelcidervinäger
1 ½ dl vatten
½ dl konc kalvfond
1 msk mörk redning (Maizena)
1–2 tsk äppelcidervinäger

Äppel- och potatispuré:
12 mandelpotatisar (ca 650 g)
2 äpplen, gärna Granny Smith
3 msk smör
1 tsk salt
1 krm nymald vitpeppar
ev 1 dl mjölk

Gör så här >>

1. Sätt ugnen på 125°. Bryn innanlåret i smöret runt om. Krydda med salt och peppar. Stick in en termometer, se till att spetsen kommer mitt i, och lägg köttet i en ugnssäker form. Tillaga mitt i ugnen till 57° innertemperatur, beräkna ca 45 minuter. Ta ut och låt köttet vila inlindat i aluminiumfolie.

2. **Rotfrukter:** Höj ugnsvärmen till 225°. Skala och skär rotfrukterna i mindre bitar eller stavar. Skala löken. Kärna ur och tärna paprikan. Lägg rotfrukter, lök och paprika i en ugnssäker form. Klicka över smöret och krydda med kummin och salt. Tillaga mitt i ugnen ca 20 minuter.

3. **Sås:** Smält sockret i en kastrull tills det blir ljusbrunt. Häll på vin och vinäger, koka tills hälften återstår. Häll i vatten och kalvfond och koka upp. Vispa i redningen och smaka av med extra äppelcidervinäger.

4. **Puré:** Skala potatisen och skär den i mindre bitar. Skala, kärna ur och tärna äpplena. Koka potatis och äpplen mjuka i lättsaltat vatten. Låt rinna och ånga av. Mosa potatis och äpple och tillsätt smöret. Smaka av med salt och peppar och späd eventuellt med mjölken. Vispa till en luftig puré.

5. Skär köttet i bitar. Servera med puré, rotfrukter och sås. <<

Ruby Friday

Absolut Ruby Red är en vodka med smak av grapefrukt.

Till 4 personer:

2 små limefrukter
8 iskuber
8 cl Absolut Ruby Red
3 dl tranbärsjuice

Gör så här>>

Pressa saften ur en limefrukt och skär den andra i fyra klyftor. Blanda väl kyld vodka, tranbärsjuice och limesaft och fördela i fyra glas tillsammans med is. Lägg en limeklyfta i varje glas. <<

Räkcocktail på grape och avokado

Skaldjur, grapefrukt och avokado i kombination passar utmärkt till drinken med smak av grapefrukt.

Till 4 personer:

500 g frysta räkor med skal eller 250 g skalade frysta kräftstjärtar
1 grapefrukt
2 avokador
½ färsk gurka

Dressing:

2 msk citronolja
2 msk grapefruktjuice
1 krm salt
1 krm strösocker

Tillbehör:

brödkrutonger

Gör så här>>

1. Skala räkorna. Skär grapefrukten i skalfria klyftor över en skål så att fruktsaften tas till vara till dressingen. Dela klyftorna i mindre bitar.

2. Kärna ur, skala och skär avokadorna i mindre bitar. Tärna gurkan.

3. Vispa ihop ingredienserna till dressingen. Blanda med räkor, avokado och gurka. Strö över krutonger och servera. <<

Sesampanerad fläskfilé med krassesås

Inled helgvilan med en fräsch liten munsbit på frukt och skaldjur och en fruktig drink som passar fint till. Sedan blir det kött – en fläskfilé panerad i rikligt med sesamfrön, som ger en lätt nötsmak åt köttet. Därtill en gudomlig sås som vispas ihop på ett par minuter. Krassesåsen mår bra av att stå och dra en stund medan potatisen bakas färdigt i ugnen.

Till 4 personer:
600 g fläskfilé
½ tsk salt
1–2 krm nymald svartpeppar
1 dl skalade sesamfrön
2 msk smör

Såsen:
2 dl vatten
1 grönsaksbuljongtärning
1 pressad vitlöksklyfta
2 msk konjak
2 msk dijonsenap
2 dl crème fraiche
ev 1 tsk Maizena majsstärkelse
1 ask kryddkrasse

Tillbehör:
600 g potatis
2 msk olivolja
1 tsk salt
1 knippa grön sparris, ca 250 g

Gör så här>>

1. **Potatis:** Sätt ugnen på 225°. Skala och skär potatisen i mindre bitar. Förkoka i saltat vatten 3–4 minuter. Låt potatisen ånga av i durkslag. Häll över i en ugnssäker form. Blanda med olivolja och salt. Baka färdigt mitt i ugnen 25–30 minuter.

2. **Sås:** Vispa ihop vatten, buljongtärning, vitlök, konjak och senap i en kastrull. Koka upp och vispa ner crème fraiche. Låt såsen sjuda någon minut. Red eventuellt av med majsstärkelse utrörd i lite kallt vatten. Koka upp. Klipp i krassen och värm såsen före servering.

3. **Kött:** Skär köttet i 3 cm tjocka skivor som plattas till med handflatan. Salta och peppra på båda sidor och vänd i sesamfrön. Stek köttet i smör på medelvärme 2–3 minuter på varje sida.

4. **Sparris:** Ansa och dela sparrisen i mindre bitar. Stek i smör i het panna någon minut under omrörning. Salta. <<

Att dricka till

Här kan man med fördel dricka ett vitt vin med lite kryddiga toner. Lätt fatlagrat chardonnay-vin är ett sådant exempel.

Gimlet

Gimlet baseras på gin och är en tuff klassiker som fungerar året om.

Till 1 glas:
isbitar
6 cl gin
3 cl Rose's Lime
1 limeklyfta
Garnering:
limeskiva

Gör så här»

Fyll ett glas till hälften med isbitar. Häll på gin och Rose's Lime. Pressa över limesaft. Rör om och garnera med limeskiva. «

Kalvytterfilé med basilikamos

En middag i ljusa toner. Den rosastekta kalvytterfilén serveras med ett luftigt potatismos kryddat med basilika, och det hela balanseras med en syrlig tomatkompott. Harmoniskt, lättsamt och läckert.

Till 4 personer:
600 g kalvytterfilé
1 tsk salt
2 krm nymald svartpeppar
2 msk smör

Basilika- och citronmos:
800 g mjölig potatis
2 ½ dl mellan- eller vispgrädde
2 msk smör
1 kruka basilika
½ citron, finrivet skal
½ tsk salt
1 krm nymald svartpeppar

Syrlig tomatkompott:
500 g körsbärstomater
1 msk olivolja
½ tsk salt
2 krm nymald svartpeppar
1 tsk vit balsamvinäger

Gör så här>>

1. Sätt ugnen på 225°. Halvera tomaterna och lägg dem med snittytan uppåt i en väloljad ugnssäker form. Salta, peppra och tillaga mitt i ugnen ca 40 minuter.

2. Lägg tomaterna i en skål. Droppa över vinäger och låt svalna. Sänk ugnsvärmen till 150°.

3. Krydda köttet med salt och peppar och bind eventuellt upp det med steksnöre. Bryn köttet runt om i smör i en het stekpanna. Lägg över i en ugnssäker form. Stek mitt i ugnen ca 30 minuter till 58° innertemperatur. Låt köttet vila 10 minuter.

4. Skala och koka potatisen i lättsaltat vatten. Värm grädde och smör i en kastrull. Tillsätt basilikan och mixa med mixerstav tills basilikan är finfördelad.

5. Pressa potatisen genom potatispress. Häll över gräddblandningen och vispa till ett luftigt mos. Späd med mer grädde om det behövs. Smaka av med citronskal, salt och peppar.

6. Skär köttet i skivor och servera med basilikamos och tomatkompott. <<

Att dricka till

Läckert körsbärssmakande rödvin matchar denna rätt. En italiensk chianti av god kvalitet blir helt rätt.

Räkcocktail

Lime och koriander ger denna räkcocktail en frisk och örtig smak. Servera ett svalt rieslingvin eller en drink med limesmak till.

Till 4 personer:
500 g stora räkor med skal
2 tomater
1 schalottenlök
2 salladslökar
1 msk hackad koriander
1 lime, skal och saft
½ tsk flingsalt
1 krm nymald svartpeppar
2 tsk avokado- eller olivolja
Garnering:
2 skivor formfranska
1 msk olivolja
1 krm salt

Gör så här>>

1. Sätt ugnen på 200°.

2. Skala räkorna och spara eventuellt lite av skalet på stjärten. Lägg räkorna i en skål. Tärna tomaterna, skala och finhacka schalottenlöken och strimla salladslöken.

3. Blanda alla ingredienser med räkorna.

4. Kantskär formfranskan och skär sedan i tärningar. Lägg brödtärningarna på en plåt och blanda med olivolja och salt. Rosta mitt i ugnen ca 10 minuter, tills krutongerna fått fin färg.

5. Lägg cocktailen på ett fat och strö över krutongerna. <<

Att dricka till

Spanskt rödvin med lätt fatlagring är en säker kombination med denna rätt. Moderna riojaviner med frisk fruktighet eller viner från Navarra.

Vitlöksstekt lammentrecôte med örtsalsa

Härliga smaker frestar i både förrätt och huvudrätt i denna lättlagade helgmiddag. Drinktilltugget kan förberedas i god tid, men vänta med krutongerna till serveringen så håller de sig frasiga.

Till lammet serveras små rostade potatisar, som blir godast om de steks i samband med serveringen. Under tiden vilar köttet inlindat i folie. Däremot kan du förbereda örtsalsan, liksom det frasiga tunnbrödstaket.

Till 4 personer:
4 bitar lammentrecôte (à 150 g)
4 vitlöksklyftor
1 msk smör
1 tsk salt
1 krm nymald svartpeppar

Rostad potatis:
500 g små potatisar
2 tsk olivolja
½ tsk salt
½ tsk strösocker

Örtsalsa:
2 dl grovhackad persilja
1 vitlöksklyfta
4 sardeller
50 g cornichoner (ca 6 st)
½ dl kapris
1 tsk pressad citron
1 dl olivolja

Garnering:
1 mjukt tunnbröd
1 tsk olivolja
1 ask röda mangoldskott (100 g)
½ tsk olivolja
1 krm salt
1 krm nymald svartpeppar

Gör så här >>

1. Sätt ugnen på 150°.

2. Putsa lammentrecôten, skala och grovhacka vitlöken. Bryn köttet i smöret med vitlöken. Salta och peppra. Lägg köttet på en plåt och stek klart mitt i ugnen ca 12 minuter, tills köttets innertemperatur är 56°. Låt vila under aluminiumfolie 15–20 minuter före servering.

3. Höj ugnstemperaturen till 250°. Skär av toppen på potatisarna så att de kan stå upp. Blanda potatisen med olivolja, salt och socker. Rosta mitt i ugnen ca 20 minuter, tills potatisen är mjuk.

4. Mixa alla ingredienser till örtsalsan i mixer eller med mixerstav.

5. Skär tunnbrödet i 4 cm breda och 15 cm långa stänger. Lägg dem på en plåt och pensla på olivolja. Grädda mitt i ugnen 4–6 minuter, tills tunnbrödet blivit knaprigt. Skölj mangoldskotten och blanda med olivolja, salt och peppar.

6. Fördela potatisen på tallriken, lägg på tunnbrödschipsen och toppa med mangoldskott. Skär lammet i skivor och fördela på tallrikarna. Ringla lite av såsen runt om.

7. Servera resterande sås i en skål vid sidan om. <<

Lammrack

med italienska tillbehör

Servera lammet med en lättlagad saffranspasta inspirerad av risotto milanese, men gjord på risoni i stället. Bryn lammracken och stek sedan klart dem i ugnen på låg temperatur, vilket ger ett saftigt och jämnt rosa kött. Den färdiga risonin blandas snabbt och enkelt med saffransgrädde strax före servering så behåller den sin krämiga konsistens. Bjud på en luftig sabayon med smak av italienska mandellikören amaretto till dessert. Sabayonen serveras ljummen till syrliga bär.

Till 4 personer:
800 g lammrack
1 tsk salt
2 krm nymald svartpeppar
1 msk smör

Risoni:
300 g risoni (3 dl)
2 dl vispgrädde
1 dl torrt vitt vin
½ krm saffran
½ tsk salt
1 krm nymald svartpeppar

Tillbehör:
6–8 soltorkade tomater i olja
75 g parmesanost
½ kruka färsk timjan
1 msk olja från tomaterna
1 krm nymald svartpeppar

Gör så här>>

1. Sätt ugnen på 150°. Krydda lammracken med salt och peppar. Bryn köttet runt om i smör i en stekpanna. Lägg över i en ugnssäker form och stick in en köttermometer. Tillaga mitt i ugnen till 63° innertemperatur. Låt köttet vila ca 5 minuter innan det skärs upp.

2. Koka risonin enligt anvisning på förpackningen. Koka upp grädde, vin och saffran. Vänd ner saffransgrädden i den väl avrunna risonin. Smaka av med salt och peppar.

3. Strimla tomaterna, skär parmesanen i flagor och dela timjanen i små kvistar.

4. Lägg upp risonin på tallrikar med lammracken ovanpå. Strö tomater, ost och timjan runt om. Ringla över olja och mal över peppar. <<

Att dricka till

Ett rödvin från italienska Veneto passar här. Välj ett ripasso-vin med tät, generös fruktighet och lätt örtiga toner.

Amarettosabayon med bär

Desserten går bra att förbereda. Vispa upp sabayonen före servering.

Till 4 personer:
3 äggulor
2 msk strösocker
3 msk amarettolikör
1 msk vatten
1 tsk pressad citron
Tillbehör:
½ liter blandade bär, färska eller frysta tinade

Gör så här»

1. Lägg äggulor, socker, likör, vatten och citronsaft i en rostfri kastrull. Vispa såsen tjock, ljus och fluffig. Ta kastrullen från värmen och fortsätt vispa en stund tills den svalnat något.

2. Lägg upp bären i portionsskålar och häll på sabayonsåsen. «

Drinktilltugg med rökt lax

Välj gärna Kravmärkt lax, som har mild och god röksmak. Tilltuggen passar till ett glas Martini rosso med is, lime och mynta.

Till 4 personer:
1 påse chips av mandelpotatis (75 g)
100 g Philadelphiaost light, gärna med gräslök
100 g rökt lax
gräslök

Gör så här»

Bred ut chipsen på ett stort fat eller en bricka. Lägg en klick Philadelphiaost och en laxskiva på varje chips. Garnera med gräslök. «

Att dricka till

Välj ett generöst rödvin med markerade syror. Vin av druvan malbec från Argentina eller cabernet sauvignon från hela vinvärlden.

Grillat lamm

med mustig rödvinssås

Det spelar stor roll vilket vin som används till rödvinssås. Blaskigt vin ger blaskig sås. Välj i stället ett mustigt och fylligt vin, och tillaga rödvinssåsen i tid, så att den hinner puttra riktigt länge.

Lammkotletter med ben är gott och enkelt att grilla. Skär bort överflödigt fett så att det inte droppar ner och börjar brinna i grillen. En rösti som blir frasig på utsidan och krämig av färskost inuti är gott till både sås och kött.

Till 4 personer:

8 enkla lammkotletter med ben
1 msk olivolja
1 tsk salt
2 krm nymald svartpeppar
2 msk färsk backtimjan eller vanlig timjan
1 msk olivolja

Rödvinssås:

4 schalottenlökar
1 vitlöksklyfta
1 msk smör
1 msk tomatpuré
1 tsk timjan
2 tsk brun farin- eller muskovadosocker
4 dl fylligt rödvin
2 dl vatten
1 kvist rosmarin
1 ½ msk konc kalvfond
1 tsk balsamvinäger
2 tsk Maizena majsstärkelse

Rösti:

300 g potatis
2 morötter (150 g)
3 schalottenlökar
½ dl grovhackad gräslök
100 g Philadelphiaost light, gärna med gräslök
1 tsk salt
1 krm nymald svartpeppar
2 msk smör

Tillbehör:

2 färska lökar
1 msk + 1 msk olivolja
300 g färska haricots verts
1 tsk flingsalt

Gör så här >>

1. **Sås:** Skala och finhacka schalottenlök och vitlök. Fräs löken i smör 2–3 minuter och rör ner tomatpuré, timjan och farinsocker mot slutet.

2. Häll på vin och vatten och lägg i en kvist rosmarin. Koka samman tills hälften återstår. Tillsätt kalvfond och balsamvinäger. Blanda majsstärkelsen med lite vatten och red av såsen. Låt koka upp.

3. **Rösti:** Skala och riv potatis och morötter. Skala schalottenlökarna och skiva dem. Blanda allt med gräslök, Philadelphiaost, salt och peppar.

4. Stek små rösti i smör på medelvärme ca 4 minuter per sida. Håll dem varma under folie.

5. Pensla lammkotletterna med olivolja, salta och peppra. Grilla dem ca 5 minuter på varje sida och strö över färsk timjan mot slutet.

6. **Tillbehör:** Halvera de färska lökarna och pensla med lite olivolja. Grilla dem 2–3 minuter på varje sida.

7. Ansa och förväll haricots verts ca 4 minuter. Häll av vattnet och skölj dem hastigt i kallt vatten. Lägg tillbaka i kastrullen och hetta upp tillsammans med olivolja. Salta. Värm på såsen före servering. <<

Svensk tarte flambée med rökt renstek, pepparrot och västerbottensost

Tarte flambée kallas även Alsace-pizza. Vi gör den med svenska smaker – rökt renstek, pepparrot och västerbottensost

Till 4 personer:
½ rödlök
½ äpple
1 tsk olivolja
2 krm salt
50 g rökt renstek eller bresaola
100 g fryst smördeg (1 ½ platta)
2 msk crème fraiche
50 g västerbottensost
Garnering:
1 msk färskriven pepparrot
rosmarinkvistar

Gör så här>>

1. Sätt ugnen på 225°. Skala och skiva rödlöken. Kärna ur och fintärna äpplet. Fräs lök och äpple mjukt i olivolja. Salta och låt svalna. Fintärna rensteken, blanda med äppelfräset.

2. Kavla ut smördegen till en platta, ca 15 x 24 cm. Lägg den på en bakpappersklädd plåt. Nagga med en gaffel. Bred på crème fraichen. Fördela fräs och ost över.

3. Grädda mitt i ugnen ca 12 minuter. Skär i fyra bitar. Garnera med pepparrot och rosmarinkvistar. Servera genast. <<

Kalvschnitzel

med vita bönor och tryffelaioli

Inled middagen med ett litet tilltugg, frasig smördegsbotten med rökt renstek, pepparrot och västerbottensost. Tomaterna bakas en timme i ugnen för att bli riktigt söta i smaken. Under tiden förbereds potatis och bönor. Vi använder bara hälften av aiolin till bönorna, men det är lättare att göra en större sats, resten kan sparas och serveras till fisk och skaldjur. Kalvschnitzeln går bra att ersätta med färsk skinka skuren i tunna skivor. Tryffelolja varierar mycket i smak, har du en mild tryffelolja kan den ersätta lite av rapsoljan.

Till 4 personer:
500 g kalvschnitzel
1 msk olivolja
1 tsk salt
2 krm nymald svartpeppar

Bakad potatissallad:
2 tomater
2 krm + ½ tsk salt
4 potatisar (ca 400 g)
1 msk olivolja
½ påse spenat (à 150 g)

Tryffeldoftande aioli:
½ burk stora vita bönor (à 400 g)
1 liten vitlöksklyfta
½ tsk pressad citron
½ tsk dijonsenap
1 äggula
1 dl rapsolja
1 msk tryffelolja
1 krm salt

Gör så här>>

1. Sätt ugnen på 100°. Skär tomaterna i klyftor och blanda med 2 krm salt. Lägg dem i en ugnssäker form. Baka mitt i ugnen ca 1 timme.

2. Spola bönorna i kallt vatten och låt rinna av. Skala och finhacka vitlöken. Vispa ihop vitlök, citron, senap och äggula. Tillsätt oljan droppvis, under ständig vispning. Smaka av med tryffelolja och salt. Blanda hälften av aiolin med bönorna.

3. Höj ugnsvärmen till 225°. Skala och skär potatisen i klyftor. Salta och blanda potatisen med olivolja i en ugnssäker form. Tillaga mitt i ugnen ca 25 minuter.

4. Salta och peppra köttet och vänd det i olivolja. Grilla i het grillpanna ca 1 minut per sida. Blanda potatisen med spenat och tomater. Servera schnitzeln med krämiga bönor och potatissallad. <<

Att dricka till

Här passar ett rödvin med generös frukt, lätt krydda och inbakade syror. Viner av druvan pinot noir av bättre kvalitet ger ofta denna karaktär.

Löjrom med krossad färskpotatis

Allt gott på en gång, färskpotatis, löjrom, crème fraiche, dill och gräslök.

Till 4 personer:
300 g färskpotatis
2 msk smör
2 msk hackad dill (10 g)
3 msk hackad gräslök (10 g)
½ tsk salt
1 krm nymald svartpeppar
150 g löjrom
1 dl crème fraiche
Garnering:
dill och gräslök

Gör så här>>

1. Skrapa och koka potatisen mjuk i lättsaltat vatten. Krossa den grovt med en sked. Rör ner smör, dill och gräslök, smaka av med salt och peppar.

2. Forma potatisen till puckar med hjälp av en utstickare eller pepparkaksmått. Garnera med löjrom, crème fraiche, dill och gräslök. <<

Att dricka till

Smakrikt rödvin med lite saftiga drag blir bra till denna rätt. Exempelvis shiraz-viner från Australien med generös, örtig ton.

Grillad entrecôte

med chimichurri och polenta

Försök hitta en riktigt fin entrecôte med lagom mycket insprängt fett i köttet. Krydda med röksalt och peppar, grilla och servera med chimichurri. Det är en salsa med mycket smak som det finns en uppsjö varianter på.

Chimichurrin går att förbereda dagen före men blir bäst om olja, vinäger och salt tillsätts strax före servering. Polentan passar att förbereda, bara att ta fram och steka eller grilla.

Till 4 personer:
4 skivor entrecôte (à 150 g)
olivolja till pensling
2 tsk rökt havssalt (Santa Maria) eller 1 tsk vanligt salt
1 tsk grovmald svartpeppar

Polenta:
6 dl vatten
¾ tsk salt
1 msk olivolja
2 ½ dl polenta
50 g färskriven parmesanost
1 msk olivolja

Chimichurri:
1 liten röd paprika
2 tomater, skållade, skalade och urkärnade
1 liten gul lök, finhackad
1 vitlöksklyfta, pressad
1 msk olivolja
1 ½ msk rödvinsvinäger
1 chili, spansk peppar, finhackad
2 msk finhackad färsk oregano
2 msk finhackad persilja
2 små lagerblad, fint krossade
1 tsk salt
2 krm svartpeppar

Gör så här>>

1. **Polenta:** Koka upp vatten, salt och olivolja. Rör ner polentagrynen och låt dem sjuda ca 5 minuter till en gröt. Rör om så de inte fastnar i bottnen på kastrullen.

2. Blanda ner parmesanost och häll upp gröten i en form med olivolja. Bred ut gröten 1–1 ½ cm högt och låt den stelna.

3. Skär upp polentan i stora bitar så de går att grilla. Pensla med olja och stek dem i grillpanna ca 3 minuter på varje sida eller på grill med tätt galler på samma vis. I 225° ugn tar det ca 5 minuter. Vänd bitarna så de får färg på båda sidor.

4. **Chimichurri:** Ansa och finhacka paprikan. Skär tomaterna i små tärningar. Blanda dem med övriga ingredienser i en skål. Låt salsan stå svalt fram till servering.

5. **Kött:** Ta fram köttet ur kylen ca 1 timme innan det ska grillas eller stekas. Pensla med olja, salta och peppra. Hetta upp en grillpanna eller se till att grillkolen är väl utbrunnen. Grilla på hög värme ca 1 minut på varje sida.

6. Låt köttet vila på ett varmt fat ca 3 minuter innan det serveras med grillad polenta och chimichurri. <<

Heta mandelräkor

Tycker du om vitlök är det också gott att låta 2–3 tunt skivade vitlöksklyftor fräsa med räkorna.

Till 4 personer:
500 g räkor med skal
½ dl mandelspån
2 msk olivolja
1 tsk sambal badjak eller sambal oelek
1 tsk flingsalt
Tillbehör:
vitt bröd

Gör så här»

1. Skala räkorna. Rosta mandelspånen i en torr het stekpanna tills de fått fin färg. Ta upp dem på ett fat så länge.

2. Hetta upp oljan tillsammans med sambal. Tillsätt räkorna och fräs dem hastigt under omrörning. Strö över saltet och blanda i mandeln. Fördela räkorna på små fat och servera genast med bröd. «

Att dricka till

Ett rött vin från Spanien är inte helt fel här. Prova en rioja med beteckningen crianza eller reserva med mogen fruktighet och vaniljtoner från fatlagringen.

Grillad fläskfilé

med chorizo och saffransris

Ta fram grillen och bjud på spanskt smaksatt fläskfilé med saffransris – och smaka på de heta räkorna och ett glas torr sherry i väntan på glöden. Chorizon som fläskfilén fylls med påminner om salami och köps i delikatessdisken eller paketerad i tunna skivor. Det är alltså inte grillkorven med kryddor som också kallas för chorizo.

Till 4 personer:
1 fläskfilé (ca 600 g)
12 gröna oliver med pimiento
50 g tunt skuren chorizo
1 tsk salt
1 krm nymald svartpeppar

Marinad och sås:
1 gul lök
3–4 vitlöksklyftor
rivet skal och pressad saft från
1 apelsin (ca ¾ dl)
1 dl rödvin
2 msk olivolja
2 tsk strösocker
1 burk krossade tomater (400 g)
3 msk tomatpuré
1 tsk salt
1 krm nymald svartpeppar
½ dl strimlad bladpersilja

Saffransris:
6 dl vatten
1 ½ hönsbuljongtärning
1 paket saffran (½ g)
3 dl långkornigt ris
1 röd paprika
200 g frysta haricots verts

Gör så här>>

1. Putsa fläskfilén och skär ett längsgående snitt. Vik upp köttet och gör ett nytt snitt så att det blir som en platta. Skiva oliverna. Strö oliverna över köttet och lägg på chorizon. Rulla ihop köttet så hårt som möjligt och fäst ihop med tandpetare.

2. Skala och finhacka lök och vitlök. Blanda lökhacket med apelsinskal och apelsinsaft, rödvin, olivolja och socker. Häll marinaden över köttet och låt det stå i rumstemperatur medan grillen värms.

3. Ta upp köttet, häll av marinad och lök i en kastrull. Salta och peppra. Grilla runt om ca 30 minuter till 70° innertemperatur. Låt köttet vila ca 10 minuter.

4. Häll de krossade tomaterna i marinaden, tillsätt tomatpuré, salt och cayenne-peppar. Låt såsen koka utan lock ca 25 minuter. Mixa såsen slät med mixerstav och blanda i persiljan.

5. **Saffransris:** Koka upp vatten, buljongtärningar och saffran. Tillsätt ris, koka under lock ca 20 minuter. Kärna ur och strimla paprikan. Lägg paprika och bönor ovanpå riset när ca 5 minuter återstår av koktiden.

6. Skär köttet i skivor. Servera med tomatsås, saffransris och gröna salladsblad. <<

Citron- och vitlöksmarinerade kräftstjärtar

Kräftstjärtar finns frysta (200 g) och i saltlag (320 g varav 170 g kräftstjärtar). Båda håller hög kvalitet.

Till 4 personer:
1 förpackning kräftstjärtar (minst 170 g)
8–10 körsbärstomater
3 vitlöksklyftor
2 msk olivolja
½ dl citronsaft
½ tsk salt
1 finhackad schalottenlök
1 knippa dill, finhackad
ev 1 tsk sambal oelek
Tillbehör:
crostini eller rostat bröd

Gör så här»

1. Tina eller häll spadet av kräftstjärtarna. Blanda kräftstjärtar och halverade tomater i en skål.

2. Finhacka vitlöken. Fräs den i olivolja på medelvärme tills vitlöken blir gyllenbrun.

3. Blanda vitlök och olivolja med citronsaft, salt, schalottenlök, dill och eventuellt sambal oelek. Häll blandningen över kräftstjärtar och tomater. Rör om. Ställ kallt till servering. «

Grillad biff med dragonsallad

Har du möjlighet att beställa kött i en riktigt bra manuell köttdisk är det väl värt besväret och pengarna. Beställ entrecôte eller biff med insprängt fett – det smälter ut när det grillas och gör köttet saftigt och gott. När man grillar en större bit kött är det bäst att använda en digitaltermometer för att kontrollera innertemperaturen i köttet. Vid 55° är det färdigt. Låt köttet vila innan det skärs i tunna skivor och serveras på en matig salladsbädd.

Till 4 personer:
1 tjock skiva välhängd entrecôte eller utskuren biff (ca 500 g)
½ tsk salt
1 msk olivolja
10 salladslökar

Dressing:
½ msk rödvinsvinäger
1 msk mangobalsamvinäger eller annan fruktvinäger
½ msk japansk soja
½ tsk konc kalvfond + 2 msk vatten
4 msk olivolja
1 liten vitlöksklyfta, skalad och pressad

Sallad:
1 romansalladshuvud
300 g körsbärstomater i flera färger
2 färska dragonkvistar
½ liten rödlök
2 mogna avokador
1 tsk flingsalt
1 krm nymald svartpeppar

Gör så här»

1. **Dressing:** Lägg alla ingredienser i en skål med höga kanter och kör såsen fluffig med mixerstav. Låt dressingen stå kallt till servering.

2. Pensla lite olja på det rumstempererade köttet. Salta. Grilla köttet runt om, använd gärna en termometer. Vid 55° är köttet färdigt, det tar ca 20–25 minuter. Låt köttet vila ca 10 minuter.

3. Ansa salladslöken och grilla runt om ca 3 minuter.

4. Skölj, torka och strimla salladen. Skär tomaterna i bitar. Repa dragonkvisten. Skala och skiva rödlöken tunt. Dela, skala och kärna ur avokadon och skär den i mindre bitar strax före servering.

5. Blanda och lägg upp salladen och salladslöken på fyra tallrikar. Skiva köttet tunt och lägg ovanpå. Ringla över dressingen och strö över flingsalt och lite nymald svartpeppar. «

Att dricka till

Prova ett rött amerikanskt vin av druvan zinfandel. Sötfruktigt och generöst med integrerade syror.

Panerad kalvfilé
med sommarsallad

Ett sprött och frasigt paket på tallriken väcker både nyfikenhet och aptit. Bakom den gyllenbruna paneringen döljer sig kalvfilé kryddad med senap, timjan och parmesan. Till detta en somrig sallad med bland annat mozzarella och avokado. Kalvfilé kan, för den som så önskar, bytas mot fläskfilé.

Till 4 personer:
500 g kalvfilé
½ dl vetemjöl
2 ägg
2 msk ljus fransk senap
2 msk finhackad färsk timjan
3 dl finriven parmesanost
2 dl ströbröd
1 ½ tsk salt
½ liter rapsolja (till fritering)

Dressing:
3 msk olivolja
2 msk citronsaft
1 msk ljus fransk senap
2 krm salt
1 krm strösocker

Sommarsallad:
100 g skogschampinjoner
½ färsk gurka
125 g mozzarella
150 g minitomater
1 knippa rädisor
150 g blandad sallad
1 avokado
1 ask kryddkrasse
färsk timjan

Gör så här»

1. **Sallad:** Vispa ihop dressingen. Borsta och skiva champinjonerna tunt. Blanda ner svampen i dressingen.

2. Dela gurkan på längden. Kärna ur med en sked. Skär halvorna i 2 cm tjocka skivor som delas på mitten.

3. Tärna mozzarellan, skölj tomaterna, skölj och snoppa rädisorna. Skölj och grovhacka salladen. Dela avokadon, kärna ur, skala och dela i mindre bitar. Blanda väl med svampen. Klipp över krasse.

4. **Kalvfilé:** Häll mjölet på en tallrik. Vispa ihop ägg, senap och timjan på tallrik nummer två. Finriv parmesanen och blanda den med ströbrödet på tallrik nummer tre.

5. Putsa kalvfilén. Skär den i 2 cm tjocka skivor som plattas ut till ca 1 cm. Salta på båda sidor.

6. Vänd köttet, först i mjöl, sedan i äggblandningen och sist i ostblandningen. Klappa in rikligt med panering.

7. Hetta upp oljan till 170° i en vid kastrull. Fritera 2–3 bitar åt gången, ca 2 minuter på varje sida, tills paneringen är frasig och gyllenbrun. Ta upp med hålslev efter hand, lägg dem på hushållspapper.

8. Servera genast med salladen. «

Att dricka till

Servera ett vitt, ganska fylligt vin med god fruktighet, gärna fatlagrat. En vit bourgogne från Frankrike är ett bra val, liksom chardonnay från Nya världen.

Passionsfrukts-sorbet med färska hallon

Avsluta måltiden i somrig stil med sorbet och bär. Lättast blir det med köpt sorbet, och den vackert gula av passionsfrukt är delikat ihop med hallon. Pudra lite florsocker över assietten och bjud ett glas sött vin till.

Grillad fläskfilé
på italienska

Att dricka till

Här passar med fördel ett torrt, friskt och fruktigt rosévin med drag av örter. Gärna av druvan cabernet sauvignon.

Många gånger kan maten vara det bästa semesterminnet. Här fröjdas vi åt goda minnen och en middag från gränstrakterna mellan Italien och Frankrike. Dessa länder har verkligen fantastisk mat att erbjuda. Rustika frukostbröd och frestande vackra fruktflarn, goda ostar, vin och kanske en flaska champagne. På kvällen tänder man gärna en stor grill och grillar både kött, fisk och grönsaker.

Fina råvaror säljs även i de relativt enkla italienska butikerna. Det mesta från lokala producenter och odlat i trakten. Kryddorna som används är de som växer vilt: rosmarin, timjan och oregano. Här växer också de små, goda taggiasca-oliverna som används i den här huvudrätten. Köttet fylls med mortadella, som är en korv från norra Italien där man även finner den utsökta, vita tryffeln.

Till 4 personer:
500 g fläskfilé
100 g tunt skivad mortadella
1 tsk vit konc tryffelolja
8 tandpetare
1 tsk salt + ½ tsk svartpeppar

Grönsaker:
400 g små färskpotatisar
1 + 1 msk olivolja
1 tsk salt + 2 krm svartpeppar
500 g zucchini, paprika, färsk lök
150 g små pärltomater
1 dl taggiasca-oliver
ärt- eller rödbetsskott

Timjansky:
½ kruka färsk timjan, plockad
1 dl vatten + 1 dl mellangrädde
1 vitlöksklyfta, skivad
½ hönsbuljongtärning
1 tsk Maizena majsstärkelse

Gör så här >>

1. Sätt ugnen på 225°. Borsta potatisen, klyv och blanda den med 1 msk olivolja, salt och peppar. Ugnsbaka ca 20 minuter.

2. Putsa filén från hinnor. Skär ett cm-djupt snitt längs med. Fortsätt snittet som en spiral in i köttet så att filén kan vikas ut plant. Lägg över plast och banka lätt ut till en jämn platta. Täck köttet med mortadella och droppa över tryffelolja.

3. Rulla ihop till en fast rulle och fäst med tandpetare.

4. Skiva zucchinin, skär paprikan i bitar, halvera löken och blanda med 1 msk olja.

5. Koka upp ingredienserna till skyn och ha den klar.

6. Salta, peppra och grilla köttet och grönsakerna när grillen uppnått rätt temperatur. Passa noga, och när filén har fått färg, slå in den i folie och låt den ligga kvar på grillen till innertemperatur 68°. Totala grilltiden blir 15–20 minuter.

7. Låt köttet vila 10–15 minuter medan grönsakerna grillas färdigt. Blanda de grillade grönsakerna med den ugnsbakade potatisen, tomater och oliver.

8. Skär filén i åtta bitar och servera med tillbehören. <<

Färskt aprikosflarn

Till det utsökta franska flarnet behövs aprikoser av högsta kvalitet.

Till 4 personer:
½ ark kyld smördeg
½ ask mascarponeost (à 250 g)
2 msk mellangrädde
½ tsk vaniljsocker
5 färska aprikoser (eller 2 persikor)
3 msk aprikosmarmelad
ägg till pensling

Gör så här»

1. Sätt ugnen på 225°. Skär degen i en rektangel på 10 x 25 cm, lägg den på ett bakpapper och lägg runt kanten en utskuren cm-bred degremsa. Pensla med ägg och grädda ca 12 minuter. Låt kallna.

2. Rör ihop mascarpone, grädde och vaniljsocker och bred över det kalla flarnet. Skär aprikosklyftor och lägg över krämen.

3. Värm marmeladen och pensla frukten. Bränn ytan hastigt med en liten gasbrännare så får flarnet det klassiskt franska utseendet. «

Drink med semesterminne

Anissprit hör sommaren till, framför allt för alla Medelhavsresenärer. Prova gärna denna friska och enkla variant till lite japanska snacks.

Till 4 personer:
2 msk Pernod, ouzo eller raki
4 msk apelsinjuice
Tillbehör:
rikligt med is, 1 skiva apelsin

Gör så här»

Blanda i glas och servera med is. Dekorera med apelsinskiva. «

Att dricka till

Servera ett fruktigt och kryddigt rödvin med skjuts i smaken. Portugisiska viner från till exempel Douro kan bjuda på detta.

Grillad entrecôte

i sommartid

För att njuta maximalt av de sköna sommarkvällarna lagar vi smakrik mat som till viss del sköter sig själv. Medan grillen värms rostas potatis och grönsaker i ugnen. Dressingen är blandad och salladen sköljd, redo att bara blandas samman med getost och doftande basilikablad. Den goda dressingen är blandad med en mycket grov senap baserad på cidervinäger. Den kan ersättas med annan grov, osötad senap.

Till 4 personer:

1 kilo färsk potatis
2 msk olivolja
1 tsk salt
1 squash (250 g)
1 röd paprika
1 gul paprika
1 påse mangoldskott (ca 70 g)
1 kruka basilika
200–300 g getost i bit

Dressing:

4 msk cidervinägersenap eller annan grov osötad senap
3 msk pressad citron
3 msk vatten
1–2 msk olivolja
2 krm salt
1 krm nymald svartpeppar

Tillbehör:

4 skivor entrecôte (à 150–200 g)
1 tsk salt
4 krm nymald svartpeppar

Gör så här»

1. Sätt ugnen på 225°. Skölj potatisen men låt skalet vara kvar. Torka den torr med handduk.

2. Häll olja i en långpanna, rulla potatisarna däri och salta. Sätt in plåten i ugnen ca 10 minuter.

3. Skölj squash och paprikor. Halvera squashen och skär den i trekantiga bitar, stora som potatisarna. Halvera och kärna ur paprikorna. Dela dem ytterligare en gång och skär i trekanter. Ta ut plåten med potatisen och lägg i squash- och paprikabitar. Rosta ytterligare 15–20 minuter.

4. Blanda under tiden samtliga ingredienser till dressingen. Skölj mangolden, plocka bladen från basilikan och skiva getosten.

5. Ta ut de rostade grönsakerna och häll upp dem på fat. Vänd i mangold och basilika och blanda med hälften av dressingen. Ställ getostskivorna i salladen så smälter de lätt.

6. Salta och peppra köttet på båda sidor. Grilla i het panna eller på grillen 1–2 minuter på varje sida. Servera genast med den rostade salladen och resten av dressingen. «

Crème Ninon med grillad pilgrimsmussla

En klassiker som kan förberedas och värmas vid servering. Grilla musslorna strax före servering.

Till 4 personer:
½ gul lök
½ vitlöksklyfta
1 msk smör
4 dl gröna ärter (frysta)
1 dl torrt vitt vin
1 dl vatten
1 dl vispgrädde
1 tsk salt
1 krm nymald vitpeppar
ev lite vinäger
4 stora pilgrimsmusslor
½ msk olivolja
1 krm salt
1 krm nymald vitpeppar

Gör så här»

1. Skala och hacka lök och vitlök och fräs i smöret tills den är mjuk. Tillsätt ärter, vin, vatten och grädde, koka upp. Mixa med mixerstav, smaka av med salt och peppar.

2. Gnid in musslorna med olivolja, grilla hastigt ca 1 minut på varje sida, salta och peppra. Trä upp musslorna på träspett. «

Att dricka till

Ett rödvin med fyllighet och struktur och örtiga toner passar här. Välj gärna ett vin från norra Rhône av druvan syrah.

Grillad entrecôte

med svartpepparsmör

Om vädret fortfarande tillåter grillning utomhus eller om du måste flytta in och steka i grillpannan på spisen spelar ingen roll. Entrecôten med sitt speciella svartpepparsmör är lika delikat att bjuda på ändå. Låt dig inte skrämmas av den rikliga pepparmängden i smöret. Svartpepparn förvälls ett flertal gånger, och då försvinner en del av hettan men de goda aromerna blir kvar. Smöret blir smakrikt och kan naturligtvis förberedas och förvaras i kylen eller frysen fram till servering. Förrättssoppan, som kan förberedas, serveras med en lätt grillad pilgrimsmussla på spett.

Till 4 personer:

4 skivor entrecôte (à 150–200 g)
2 paprikor, röd och gul
4 morötter
2 palsternackor
2 rödlökar
1 fänkål
3 msk olivolja
1 tsk salt
2 krm nymald svartpeppar

Svartpepparsmör:

½ msk hel svartpeppar
100 g rumsvarmt smör
1 tsk pressad citron
½ pressad vitlöksklyfta

Gör så här>>

1. **Svartpepparsmör:** Sätt ugnen på 175°. Koka upp (blanchera) svartpepparkornen i vatten 15 gånger. Byt vatten varje gång. Lägg pepparkornen i en ugnssäker form och torka dem ca 10 minuter i ugnen.

2. Vispa smöret vitt med elvisp, tillsätt citronsaft och vitlök. Krossa pepparn i en mortel och blanda ner. Ställ smöret åt sidan.

3. Sätt ugnen på 225°. Skölj och halvera paprikorna, ta ut kärnorna och dela i mindre klyftor. Skala och klyfta morötter, palsternackor och lök. Skölj och klyfta fänkålen. Blanda grönsakerna med olivolja, salt och peppar och stek mitt i ugnen ca 30 minuter.

4. Låt köttet ligga framme 30 minuter före grillningen. Torka det torrt, salta och peppra. Grilla entrecôten ca 3 minuter på varje sida. Om en grillpanna används – grilla då köttet hastigt på hög värme och efterstek i ugnen ca 5 minuter i 200°.

5. Lägg upp kött och rostade grönsaker på fyra tallrikar. Forma ägg av det mjuka smöret med hjälp av två matskedar. Garnera med nymald svartpeppar och servera. <<

Sangria och parmesan-rostade nötter

Sangrian ska serveras riktigt kall. Duka med en tesked så man kan äta upp den goda frukten.

SANGRIA

Till 4 personer:

1 flaska rött vin (75 cl)
3 msk farinsocker
33 cl äppeljuice
1 äpple skuret i tunna klyftor
2 persikor skurna i tärningar
1 dl färsk mynta
is

Gör så här>>

Blanda vin och socker så det löser sig. Tillsätt övriga ingredienser och servera i tillbringare. Lägg några myntablad i glasen och servera med is.<<

PARMESANROSTADE NÖTTER

Till 4 personer:

150 g cashewnötter
1 msk smör & rapsolja oliv
1 ½ dl finriven parmesanost
½–1 tsk flingsalt

Gör så här>>

Sätt ugnen på 200°. Blanda nötter och olja. Lägg ner osten i en plastpåse. Lägg ner nötterna och skaka så de blir parmesanpanerade. Lägg ut dem i ett tunt lager på ett ugnssäkert fat. Salta. Rosta dem 15 minuter tills de blivit spröda och har fin färg. Rör om någon gång under tiden. Låt kallna innan de bryts isär och serveras. <<

Fylld kalvschnitzel

med dijonsås

Till denna måltid har vi hämtat inspiration från Spanien och Italien. En sval sangria med äppel- och myntasmak och parmesanrostade nötter får inleda. Sedan blir det kalvinnanlår fyllda med tapenade och citron, gnocchi med hackad salvia och till det en sallad med söta tomater. Låt köttet få rumstemperatur innan det steks, då kyler det inte stekpannan och får lättare fin färg. Köttet serveras med färska potatisgnocchi rullade i hackade salviablad. Gnocchin kan bytas ut mot färsk pasta.

Till 4 personer:
4 tunna skivor kalvinnanlår (à 125 g)
4 msk tapenade
rivet skal av 1 citron
2 msk smör
¾ tsk salt
2 krm nymald svartpeppar

Dijonsås:
2 dl lätt crème fraiche
2 dl steksky och vatten
2 msk vetemjöl
1 msk dijonsenap
2 msk konc kalvfond
2 krm salt
1 krm nymald svartpeppar

Tillbehör:
500 g färsk potatisgnocchi (Rana)
2 msk finhackad färsk salvia eller bladpersilja och 1 tsk torkad salvia
sallad
tomater

Gör så här»

1. Låt tapenaden rinna av i en liten sil. Lägg köttskivorna mellan plastfolie och banka dem t ex med en kastrull eller stekpanna så de blir tunna och platta.

2. Blanda tapenaden med rivet citronskal och fördela det på skivorna. Lägg det på halva köttskivan och vik ihop. Fäst eventuellt med tandpetare. Stek dem i smör i en stekpanna, 1–2 minuter per sida. Salta och peppra.

3. **Sås:** Blanda crème fraiche, steksky, vetemjöl, senap och fond i en kastrull. Låt det sjuda under omrörning ca 5 minuter. Smaka av med salt och peppar

4. Servera kalvschnitzeln med dijonsås, gnocchi eller färsk pasta och en sallad. «

Att dricka till

Rätten matchas med ett friskt, körsbärssmakande vin; till exempel en italiensk chianti eller ett vin av barbera-druvan från norra Italien.

Laxtoast

Låt sikrommen rinna av ordentligt i en sil innan den fördelas på laxtoasten. Riv den färska pepparroten över strax före servering.

Till 4 personer:
4 skivor bröd, gärna lantbröd
50 g Philadelphiaost light
1 msk finriven pepparrot
4 tunna skivor rökt lax (ca 100 g)
50 g sikrom, avrunnen
Tillbehör:
färsk dill
nymald svartpeppar
finriven pepparrot
citronklyftor

Gör så här»

1. Skär bort eventuella kanter från brödet. Blanda Philadelphiaost och pepparrot. Bred blandningen på brödet.

2. Lägg på lax och sikrom. Garnera med dill, svartpeppar, lite extra pepparrot och en citronklyfta.

3. Servera tillsammans med ett glas väl kyld torr sherry eller manzanilla. «

Att dricka till

Ett smakrikt, generöst och fylligt rödvin passar här. Gärna av druvan shiraz från Australien eller zinfandel från USA.

Kalvfilé
med rösti och svamp

Här bjuder vi på laxtoast samt kalvfilé med rösti, smörstekt svamp och ugnsbakade körsbärstomater. Efter en lång arbetsvecka är detta ett av de bästa sätten att varva ner inför helgen. En rejäl köttbit på tallriken och ett väl valt rödvin i glaset – kan det vara enklare? Denna måltid inleds med en snabb laxtoast med doft och smak av nyriven pepparrot.

Till 4 personer:
600 g kalvfilé
1 tsk salt
1–2 krm nymald svartpeppar
1 msk smör

Tomater:
200–250 g körsbärstomater
1 msk strösocker
2 tsk salt
2 msk olivolja

Sås:
5–6 schalottenlökar, finhackade (ca 100 g)
1 msk smör
1 msk vetemjöl
1 msk tomatpuré
1 ½ dl rött vin
2 ½ dl vatten
2 msk konc kalvfond

Rösti:
500 g mjölig potatis, gärna King Edward
½ tsk salt
1 krm nymald svartpeppar
2 msk rapsolja

Tillbehör:
smörstekt svamp
lättkokta haricots verts

Gör så här»

1. **Tomater:** Sätt ugnen på 175°. Blanda tomater, socker, salt och olivolja i en liten trång ugnssäker form. Baka tomaterna mitt i ugnen ca 30 minuter. Ta ut tomaterna och sänk värmen till 125° för köttet.

2. **Kött:** Putsa kalvfilén. Salta, peppra och bryn köttet runt om i smör. Sätt en digital ugnstermometer mitt i den tjockaste delen på köttet. Stek färdigt mitt i ugnen tills innertemperaturen är 63°. Ta ut köttet, lägg över aluminiumfolie och låt det vila ca 15 minuter.

3. **Sås:** Stek löken mjuk i smör. Pudra över mjölet, tillsätt tomatpurén och rör om. Späd lite i taget med vatten, vin och kalvfond under omrörning. Låt såsen koka ihop något tills knappt 4 dl återstår. Smaka av med skyn från köttet.

4. **Rösti:** Skala och grovriv potatisen. Låt rivet rinna av ordentligt i sil. Blanda med salt och peppar. Värm oljan i en stekpanna, ca 24 cm i diameter. Packa potatisrivet jämnt i pannan med stekspade. Stek 4–5 minuter på medelvärme, vänd röstin med hjälp av en stor tallrik eller ett lock och stek ytterligare 4–5 minuter på andra sidan.

5. Värm tomater och sås. Skär köttet i skivor. Servera köttet med sås, rösti, svamp och grönsaker. «

Fläskfilé med äpple och blomkålspuré

Till den äppelbräserade fläskfilén serveras en mild och krämig blomkålspuré. Se till att blomkålen får koka riktigt mjuk så är den lätt att mixa. Smörstekta äpplen och knaperstekt bacon bidrar med både syra och sälta till rätten. Prova ädelosten med sockersaltade hasselnötter – en riktig hit! Receptet kommer att spridas till vänner och bekanta med påbudet "du måste bara prova"!

Till 4 personer:
600 g fläskfilé
½ gul lök
1 äpple
3 dl torr äppelcider (eller torrt vitt vin)
3 dl vatten
1 msk smör
1 msk honung
1 tsk salt
1 paket bacon (140 g)
3 röda äpplen
1 msk smör
½ tsk
färsk timjan

Blomkålspuré:
1 litet blomkålshuvud (300 g)
1 dl mjölk
1 dl vispgrädde
1 tsk salt

Gör så här>>

1. **Blomkålspuré:** Skär blomkålen i mindre bitar och koka den mjuk i mjölk och grädde. Mixa blomkålen slät med vätskan och smaka av med salt. Håll purén varm.

2. **Fläskfilé:** Putsa fläskfilén och skär den i två bitar. Skala och skiva löken. Kärna ur och klyfta äpplet. Lägg lök och äpple i en kastrull och häll på cider och vatten. Koka upp och lägg i köttet. Sjud under lock till 68°, 10–15 minuter.

3. Lyft upp fläskfilén och bryn den runt om i smöret. Ringla över honungen och krydda med salt. Låt köttet vila ca 5 minuter innan det skärs i portionsbitar.

4. Strimla baconet. Kärna ur och klyfta äpplena. Knaperstek baconet. Ta upp och låt rinna av på dubbelvikt hushållspapper. Stek äpplet i smöret ca 2 minuter, salta och blanda ner baconet.

5. Servera fläskfilén med krämig blomkålspuré och nystekta äpplen och bacon. Garnera med timjan. Små helstekta potatisar är gott att servera till. <<

Att dricka till

Prova ett svalt rödvin med mjuka, saftiga drag. Beaujolaisvinerna från Frankrike brukar bjuda på den karaktären.

Ädelost med sockersaltade hasselnötter

Nötterna tar bara 5 minuter att göra och är en perfekt dessert. Drick gärna ett sött vitt vin till osten.

Till 4 personer:
200 g ädelost
1 dl hasselnötskärnor (ca 65 g)
2 msk strösocker
1 tsk flingsalt

Gör så här>>

1. Skär osten i fyra bitar och låt den stå framme 1 timme för att bli rumstempererad.

2. Rosta nötterna i torr het stekpanna ca 2 minuter. Häll på sockret och rör om tills det smält. Strö över flingsalt. Lägg upp nötterna tillsammans med osten. Nötterna går utmärkt att förbereda dagen före om du önskar. <<

Flamberad rostas

med calvadossås

Mustiga smaker, god rödvinssås, nystekt svamp och lagrad ost är verkligen något att längta efter när det ska vara lite extra festligt. Här flamberar vi en bit rostas i calvados för att ge extra smak på både kött och sås. Till det serveras knaperstekt rösti, rödvinssås och varm sallad. Rostas är den lilla möra biten utskuren från rostbiffen. Kan tillagas på samma sätt som oxfilé.

Till 4 personer:
4 skivor rostas, à 150 g
1 tsk salt
2 krm nymald svartpeppar
2 msk calvados

Sås:
2 msk strösocker
2 dl rött vin
2 msk konc kalvfond
2 dl vatten
1 krm nymald svartpeppar
1 tsk Maizena majsstärkelse
1 msk calvados
1 tsk smör

Rösti:
750 g potatis
½ tsk salt
1 krm nymald svartpeppar
1 msk smör

Svampsallad:
1 stort syrligt äpple
1 rödlök
300 g kantareller
2 msk smör
100 g Allerum XO eller västerbottensost, fintärnad
1 påse babyspenat (80 g)
2 krm salt
1 krm nymald svartpeppar

Gör så här>>

1. **Sås:** Smält sockret i en kastrull, låt det bli ljusgult. Tillsätt vin, fond, vatten och peppar. Låt koka ihop tills ca 2 dl återstår. Red av med majsstärkelse utrörd i vatten. Koka upp.

2. **Rösti:** Skala och riv potatisen. Blanda med salt och peppar. Hetta upp smör i en stekpanna. Stek åtta rösti, ca 3 minuter på varje sida. Lägg över på en plåt med bakplåtspapper. Hit går att förbereda. Värm strax före servering i 200° ca 5 minuter.

3. **Svampsallad:** Kärna ur och skiva äpplet. Skala och klyfta löken. Ansa och skölj kantarellerna, stek dem tills all vätska försvunnit. Tillsätt smör och stek ytterligare ca 3 minuter.

4. Blanda ner lök och äpple. Stek ca 3 minuter under omrörning. Vänd ner ost, spenat och sallad. Salta och peppra.

5. Salta och peppra köttet. Stek det i smör ca 3 minuter på varje sida. Häll på calvados och låt det bli riktigt varmt. Tänd på spriten med en tändsticka, men var försiktig och låt inte stekpannan stå under fläkten.

6. Häll calvadosskyn i såsen och låt koka upp. Blanda ner smör. Servera köttet genast med sås, rösti och sallad. <<

Att dricka till

Ett fylligt, smakrikt rödvin med struktur och kraft passar här. Prova viner av shiraz-druvan från Nya världen till exempel.

Spröd päronrulle med kanelglass

Gör snygga glasskulor när du blandat ner kanel i glassen. Lägg upp på en tallrik och ställ i frysen fram till servering.

Till 4 personer:
3 päron
2 msk strösocker
2 msk + 1 msk smör
2 tsk finriven ingefära
4 medelstora tortillabröd
Tillbehör:
½ liter vaniljglass
½ tsk kanel

Gör så här>>

1. Låt vaniljglassen tina något. Rör ner kanel och låt den frysa igen.

2. Skala och skiva päronet. Smält sockret i en stekpanna tills det är ljusbrunt. Tillsätt socker, päron och ingefära. Koka ihop tills fruktsaften nästan försvunnit. Låt svalna.

3. Fördela päronfyllningen på tortillabröd. Rulla ihop hårt. Smält smöret i en stekpanna och stek rullarna runt om.

4. Servera genast med en kula kanelglass. «

Laxtartar på kavring med crème fraiche och löjrom

Förrätten som görs på ett kick om du använder färdigskivad lax. Variera med gravlax för mildare smak.

Till 12 kanapéer:
200 g kallrökt lax
1 msk skånsk senap
1 msk hackad dill
50 g färskost smaksatt med pepparrot
3 skivor kavring
2 msk crème fraiche
50 g löjrom
3 msk smörgåskrasse

Gör så här>>

1. Skär laxen i små bitar. Blanda den med senap och dill.

2. Stansa ut tolv rundlar ur bröden, t ex med en utstickare ca 3 cm i diameter, eller skär bröden i fyrkanter. Bred dem med pepparrotsosten.

3. Fördela laxröran på kavringrundlarna. Använd utstickaren igen för att få den lika vackert rund som brödskivorna. Klicka eller spritsa på crème fraiche och löjrom. Garnera med krasse. <<

Lamm

med svamp och getostkräm

En klassiskt kryddad lammytterfilé som får en spännande brytning av skogschampinjonerna och getostkrämen. Medan lammfilén sköter sig själv i ugnen kan du njuta ett glas vitt vin till de små runda tårtbitarna med den oslagbara blandningen av lax, löjrom och crème fraiche.

Till 4 personer:
600 g lammytterfilé
1 msk olivolja
2 vitlöksklyftor
5 kvistar timjan
1 tsk salt
2 krm nymald svartpeppar

Tillbehör:
200 g skogschampinjoner
1 msk olivolja
½ tsk salt
600 g morötter
1 citron, rivet skal
1 msk strimlad bladpersilja
2 krm nymald svartpeppar

Getostkräm:
300 g getost
5 msk mjölk

Garnering:
12 svarta oliver
2 msk crema di balsamico
12 blad rucola

Gör så här»

1. Sätt ugnen på 125°.
2. Bryn lammet i olivolja, krossad vitlök och timjan. Salta och peppra. Lägg över på ett ugnssäkert fat och tillaga mitt i ugnen ca 25 minuter tills innertemperaturen är 58°. Låt vila 10 minuter före servering.
3. Skär svampen i tjocka skivor. Stek den i hälften av olivoljan. Krydda med salt.
4. Skala och skär morötterna i ca 3 cm stora bitar. Koka dem mjuka i saltat vatten. Låt dem rinna av och blanda med svamp, citronskal, persilja och peppar.
5. Skär bort kanten runt getosten. Mixa osten med mjölk. Lägg eventuellt blandningen i en spritspåse.
6. Fördela svamp och morötter på tallrikarna. Skär lammfiléerna mitt itu och lägg mitt på tallriken. Spritsa eller klicka på getostkrämen och garnera med oliver, crema di balsamico och rucola. «

Att dricka till

Här dricker man med fördel ett sydfranskt rödvin med kryddor, örter och god frukt. Leta efter vin från Corbières, Minervois och Fitou.

Örtrullad fläskfilé med balsamicosky

Tankarna går till Italien när de härliga dofterna sprids i köket. Inled med ett gott bröd som doppas i fruktig olivolja och lite flingsalt medan fläskfilén steks i ugnen. Menyn är okomplicerad och kan förberedas i god tid.

Till 4 personer:
600 g fläskfilé
1 tsk salt
2 krm nymald svartpeppar
½ msk smör
½ msk olivolja
3 msk crema di balsamico
2 dl vatten
1 msk konc kalvfond

Till rullen:
1 purjolök
1 endive
plastfilm

Sky:
ca 3 msk crema di balsamico
1 pressad vitlöksklyfta
½ dl grovhackade örter, t ex salvia, rosmarin

Potatis:
600 g potatis
½ tsk salt
1 msk olivolja

Sallad:
½ rosésalladshuvud
1 krm salt
1 krm nymald svartpeppar
1 msk fruktig olivolja
hyvlad parmesanost

Gör så här>>

1. Sätt ugnen på 200°. Putsa filén, salta och peppra. Bryn den runt om i smör och olja. Ta upp köttet. Häll crema di balsamico, vatten och fond i stekpannan och låt koka ihop ca 2 minuter. Sila och ställ åt sidan.

2. Skär av roten och en bit av den gröna toppen på purjolöken. Snitta på längden och skölj purjolöksbladen väl. Koka dem i lättsaltat vatten 2 minuter, spola i kallt vatten, låt rinna av väl på en handduk.

3. Skär bort roten på endiven och lossa bladen. Doppa dem snabbt i kokande saltat vatten, spola i kallt vatten och låt dem rinna av.

4. Lägg purjolöksbladen bredvid varandra, lite omlott, på en bit plastfolie. Lägg sedan endivbladen bredvid varandra i en rad, ca 5 cm in, i samma riktning som purjolöken.

5. Blanda crema di balsamico, vitlök och örter. Bred det på köttet. Lägg köttet på endivbladen och rulla ihop med hjälp av plastfilmen till en hård rulle. Hit kan förberedas.

6. Skala, skiva och koka potatisen 5 minuter i saltat vatten. Häll av vattnet och blanda potatisen med salt och olivolja

7. Ta bort plastfolien och stek rullen tillsammans med potatisskivorna på en plåt med bakplåtspapper, mitt i ugnen, ca 25 minuter eller tills innertemperaturen är 67°. Ta ut köttet och låt det vila. Sätt ugnen på grill och högsta värme. Ställ tillbaka potatisen och låt den få färg.

8. Strimla, skölj och torka rosésalladen. Salta och peppra. Blanda ner olja och ost. Värm skyn. Skär filén i skivor och servera med potatis, sky och sallad. <<

Att dricka till
Här kan ett syditalienskt rödvin bli mycket gott. Primitivo-druvan ger fruktiga och kryddiga viner med värme och struktur.

Tiramisu Limoncello

En chokladmaräng på NK-bageriet i Stockholm gav idén till den här desserten. Marängerna kan ersättas med vanliga maränger och 1 tsk kakao.

Till 4 personer:
2 äggvitor
200 g mascarponeost
2 äggulor
3 msk strösocker
ca 125 g maräng med chokladsmak
ca 1 dl Limoncello di Capri, italiensk citruslikör
Till servering:
kumquats eller mandarinklyftor

Gör så här>>

1. Vispa äggvitan fast och rör ner mascarpone. Vispa äggulor och socker vitt och pösigt. Blanda och ställ kallt.

2. Servering: Vänd marängerna i limoncellon. Varva maränger och äggblandningen i fyra glasskålar. Servera med kumquats eller mandarinklyftor. <<

Asiatisk bruschetta

Den asiatiska smaken kommer från koriandern, men den kan naturligtvis bytas till en annan ört, t ex basilika.

Till 4 personer:
1 vitlök
4 stora skivor lantbröd
100 g körsbärstomater
1–2 krm sesamolja
1 kruka koriander
flingsalt

Gör så här»

1. Sätt ugnen på 200°. Skär av toppen på vitlöken och lägg in den med skalet på i en ugnssäker form. Stek mitt i ugnen ca 30 minuter.

2. Rosta brödet, klyfta tomaterna och blanda med sesamolja och hackad koriander.

3. Tryck ut de mjuka vitlöksklyftorna ur skalet och mosa dem. Fördela vitlöksmoset och tomatsalladen på bröden. Strö på flingsalt. «

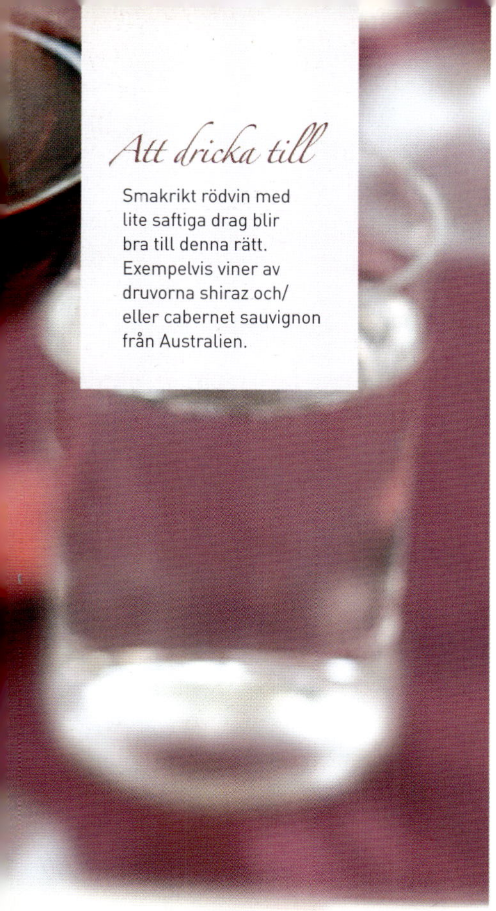

Att dricka till

Smakrikt rödvin med lite saftiga drag blir bra till denna rätt. Exempelvis viner av druvorna shiraz och/eller cabernet sauvignon från Australien.

Vildsvin

med bönwok och rostad potatis

Överraska med vildsvin i asiatisk stil men med fransk knorr. En rätt fylld med asiatiska smaker av tamarind och chili, som möter det franska potatismoset smaksatt med vitt vin och lagrad ost.

Det vilda grisköttet är något mörkare i färgen, smaken är mustigare och köttet magert. Därför steker vi det inte så länge. Bara till 58°, men innertemperaturen stiger till 65° när köttet vilar under folie. Vildsvin hittar du lättast i saluhallar eller hos din lokala vilthandlare. Rätten går också att laga med benfri kotlettrad eller fläskkarré. Stek då köttet till 60° för kotlettrad och 70° för karré.

Till 4 personer:
1 bit vildsvinsytterfilé (600 g)
1 msk smör

Tamarindglaze:
1 ½ dl japansk soja
¾ dl honung
1 ½ msk tamarindpasta
3 vitlöksklyftor, pressade
1 msk hackad chili, röd spansk peppar

Potatismos:
1,2 kilo bakpotatis, Idaho eller stor mjölig potatis
50 g smör, rumstempererat
3 dl riven lagrad prästost
1–1 ½ dl torrt vitt vin
1 tsk salt
1 krm nymald svartpeppar

Bönwok:
150 g sockerärter, färska eller frysta och tinade
1 msk rapsolja
150 g haricots verts, färska eller frysta och tinade
3 msk glaze
50 g ärtskott

Gör så här»

1. Sätt ugnen på 200°. Stick hål i skalet på potatisarna, lägg potatisarna på en plåt och baka dem mitt i ugnen ca 1 timme.

2. Hetta upp smöret i en stekpanna och bryn ytterfilén runt om. Lägg den i en liten ugnssäker form.

3. Koka samman ingredienserna till glazen. Pensla köttet runt om med ⅓ av glazen. Sätt in en stektermometer i köttet och ställ formen bredvid potatisen. Stek ca 30 minuter till 58° innertemperatur. Låt köttet vila under folie.

4. Värm vinet i en kastrull. Halvera potatisarna och skrapa ut det mjuka innehållet ner i en bunke. Blanda med smör, ost, vin, salt och peppar.

5. Strimla sockerärterna. Hetta upp oljan i en stekpanna, woka hastigt sockerärter och bönor. Häll på 3 msk glaze och vänd ner ärtskotten.

6. Skiva köttet. Forma moset till stora ägg, lägg upp bönorna och lägg köttet ovanpå. Servera resten av glazen till. «

Tips: Potatismoset kan förberedas tidigare samma dag. Forma då som ägg och lägg på en bakpappersklädd plåt, strö lite riven ost över. Täck med plastfolie och ställ kallt. Sätt sedan ugnen på 225°, ta av plastfolien och värm ca 15 minuter.

Tortillarulle och laxtartar

Två goda tilltugg till champagne. Frys laxen minst 24 timmar innan den tärnas.

Till 10 tortillarullar:
2 tortillabröd
150 g chèvre
2 msk crème fraiche
4 msk hackade valnötter
3–4 blad romansallad

Till 8 laxsnittar:
125 g skinn- och benfri laxfilé
1 tsk riven färsk ingefära
2 krm rivet limeskal
1 ½ krm salt
1 krm nymald svartpeppar
Tillbehör:
crostini
rucola

Gör så här»

Tortillarulle: Mosa ihop getosten med crème fraiche. Fördela oströran på bröden. Strö på nötterna. Lägg på salladsblad och rulla ihop hårt. Skär varje rulle i fem bitar.

Laxtartar: Skär laxen i mycket små tärningar. Blanda med ingefära, limeskal, salt och peppar. Fördela laxröran på crostini och lägg på rucola. «

Att dricka till

Servera ett elegant rödvin med struktur och balans. Gärna ett bordeauxvin eller en rioja med mognad.

Hjortfilé

med svampduchesse och rödvinssås

En lite pyssligare gourmetmiddag, där mycket går att förbereda. Så när gästerna välkomnas med ett glas välkyld champagne, getostrullar och laxtartar är det mesta av middagen redan förberett. Hjortfilén har rullats i en pepparblandning och det spännande jordärtskocksmöret som serveras till är smaksatt med citron. Svampduchessen är spritsad och rödvinssåsen har kokats med lite körsbärsmarmelad för att få den rätta sötsyrliga smaken.

Till 4 personer:

600 g hjortfilé
1 tsk salt
1 msk krossad röd-, grön- och svartpepparblandning
1 msk smör

Svampduchesse:

750 g mandelpotatis
300 g trattkantareller
1 + 1 msk smör
1 ½ dl mjölk
2 äggulor
1 tsk salt
1 krm nymald svartpeppar

Rödvinssås:

5 skalade vitlöksklyftor
½ dl körsbärsmarmelad
½ dl konc kalvfond
2 dl rött vin
1 dl vatten
½ dl steksky

Jordärtskockssmör:

300 g jordärtskockor
1 dl vispgrädde
1 msk smör
2 msk pressad citron
1 tsk rivet citronskal
1 krm salt

Tillbehör:

örtsallad med kantareller

Gör så här>>

1. Koka potatisen mjuk i lättsaltat vatten. Stek svampen i 1 msk smör i en stekpanna 2–3 minuter, spara ⅓ till salladen och finhacka resten.

2. Pressa potatisen i en potatispress ner i en skål. Värm 1 msk smör och grädde i potatiskastrullen. Rör sedan ner det i den pressade potatisen. Tillsätt äggulor, salt och peppar. Rör till ett luftigt mos. Blanda ner svampen.

3. Fyll en spritspåse med tandad tyll med potatispuré och spritsa ut ca 24 potatistoppar på en plåt med bakplåtspapper.

4. **Rödvinssås:** Blanda ingredienserna till såsen i en kastrull. Låt koka ihop tills det återstår ca 2 dl. Sila genom en finmaskig sil och tryck gärna lite extra så att vitlöksklyftorna mosas sönder.

5. Skala och koka jordärtskockorna mjuka i vispgrädde, smör och citronsaft. Mixa och smaka av med citronskal och salt.

6. Sätt ugnen på 125°. Bryn hjortfilén runt om i smör. Strö på salt. Rulla i peppar och lägg över i en ugnssäker form. Stek filén tills innertemperaturen är 60°. Låt köttet vila ca 15 minuter. Häll lite vatten i formen och häll sedan stekskyn i såsen.

7. Höj värmen till 250°. Ställ in svampduchessen mitt i ugnen och grädda ca 10 minuter.

8. Skär köttet i skivor. Servera med tillbehören. «

Mandelfras med het romdrink

Blanda ditt favoritte med 2 cl mörk rom och fredagsdrinken är klar att servera.

Till 4 personer:
2 frysta smördegsplattor
100 g finriven västerbottensost
50 g rostad flagad mandel

Gör så här»

1. Sätt ugnen på 225°. Strö osten över plattorna och kavla till dubbel storlek.

2. Strö över mandeln och tryck försiktigt fast den med ett tag med kaveln.

3. Skär plattorna i mindre bitar. Lägg bitarna på en plåt med bakplåtspapper. Grädda mitt i ugnen 8–10 minuter. «

Att dricka till

Här passar ett robust rödvin med massor av frukt och lätt krydda. Portugisiska viner från distriktet Alentejo brukar vara pålitliga.

Lammfärsburgare med vinsky och mandelpotatismos

Husmanskost av det finare slaget är denna lammfärsburgare, serverad med vinsky och mos av mandelpotatis.

En varm tedrink och nygräddade mandelfras avnjuts i väntan på huvudrätten.

Till 4 personer:
1 kilo mandelpotatis
500 g lammfärs
1 rödlök
1 ägg
1 dl mjölk
1–2 pressade vitlöksklyftor
1/2 dl hackad bladpersilja
1 tsk salt
1–2 krm nymald svartpeppar
2 msk smör (till stekning)

Potatismos:
2 dl mjölk
2 msk smör
½–1 tsk salt
1 krm nymald svartpeppar

Vinsky:
1 msk balsamvinäger
1 dl rött portvin
1 ½ dl vatten
1 msk konc vilt- och kantarellfond
½ mörk oxbuljongtärning
2 tsk Maizena majsstärkelse
1 msk smör
ev salt

Tillbehör:
600 g finstrimlad vitkål
2 msk smör
½ tsk salt
1 dl frysta tranbär eller lingon

Garnering:
persilja

Gör så här»

1. Skala och koka potatisen mjuk i lättsaltat vatten.

2. **Burgare:** Sätt ugnen på 100°. Skala och finhacka löken. Pressa 200 g av potatisen och blanda med lök, ägg, mjölk, vitlök, persilja, salt och peppar i en bunke. Tillsätt lammfärsen och blanda väl.

3. Forma fyra biffar. Stek dem i smör på medelvärme 4–5 minuter på varje sida. Lägg över i en ugnssäker form och håll biffarna varma i ugnen under folie.

4. **Vinsky:** Blanda balsamvinäger, portvin, vatten, fond och smulad buljongtärning i en kastrull. Koka ihop tills 2 dl återstår.

5. Red av med majsstärkelse utrörd i lite vatten. Låt koka upp. Vispa i smöret vid servering och smaka eventuellt av med salt.

6. **Potatismos:** Pressa resten av potatisen. Värm mjölk och smör i en kastrull. Tillsätt potatis och rör ihop till ett mos. Smaka av med salt och peppar

7. Finstrimla vitkålen. Stek den i smör under omrörning på medelvärme 2–3 minuter i en stekpanna. Salta.

8. Servera biffarna med mos, sky och vitkål. Strö över tranbär. Garnera med persilja. «

Helstekt oxfilé

med svampcrème och varm bönsallad

Svampcrèmen är generöst tilltagen, för man tar gärna mycket. Men om inte allt går åt blir det till en svampmacka nästa dag.

Till 4 personer:
600 g oxfilé
¾ tsk salt
1 krm nymald svartpeppar
smör till stekning

Svampcrème:
200 g förvälld svamp eller 300 g färsk blandsvamp eller skogschampinjoner
1 msk smör
2 schalottenlökar, hackade
1 vitlöksklyfta, riven eller hackad
½ tsk salt
1 dl vatten + 1 msk konc kalvfond
1 tsk kinesisk soja
2 msk torr vermouth, t ex Noilly Prat
1 litet äpple
100 g Philadelphiaost

Varm bönsallad:
200 g brysselkål
1 tsk salt
1 burk röda bönor (410 g)
saften av 1 lime
2 msk olivolja
½ tsk salt

Ugnsbakad potatis:
500 g småpotatis
2 msk olivolja
½ tsk salt
grovhackad persilja till garnering

Gör så här»

1. **Potatis:** Sätt ugnen på 225°. Klyv potatisen och blanda den i en ugnsform med olja. Baka i ugnen ca 30 minuter. Värm eventuellt och salta inför servering.

2. **Svampcrème:** Smörfräs svampen med hackad lök och vitlök tills all vätska dunstat bort. Häll över vatten, fond, soja och vermouth och koka utan lock tills nästan all vätska kokat bort. Skär äpplet i fina tärningar och blanda det med svampen. Philadelphiaosten rörs ner inför serveringen.

3. **Bönsallad:** Skär brysselkålen i klyftor och koka den 5 minuter. Häll av kokvattnet. Sila av och spola bönorna. Låt dem rinna av väl. Blanda lime, olja och salt i en ugnsform och blanda ner brysselkål och bönor.

4. **Kött:** Sänk ugnsvärmen till 150°. Putsa och bind upp köttet, salta, peppra och bryn i smör. Stek oxfilén färdig i ugnen ca 20 minuter till innertemperatur 55–58°. Ta ut och låt det vila 10 minuter före tranchering.

5. Värm potatisen och bönsalladen i ugnen. Blanda svampen med Philadelphiaosten och forma svampcrèmen till stora bollar. Lägg dem på det uppskurna köttet, strö rikligt med persilja över och servera den varma bönsalladen och potatisen till. «

Att dricka till

Välj ett generöst rödvin med markerade syror. Vin av druvan malbec från Argentina eller cabernet sauvignon från hela vinvärlden.

Inkokta päron med ädelostcrème

Till 4 personer:
1 moget päron
1 dl strösocker + ½ liter vatten
Ostcrème:
100 g stiltonost
100 g Philadelphiaost
Garnering:
4 valnötter
1 msk flytande honung

Gör så här>>

1. Koka upp socker och vatten. Skala, kärna ur och skär päronet i klyftor. Koka dem mjuka och häll av lagen.

2. Ostkräm: Mosa ihop ostarna och lägg upp i portionsformar med päron, valnötter och överst ringlad honung. «

Register

Register

Fotografer

Recept

Samtliga dryckesförslag är skrivna av Gunilla Hultgren-Karell